자폐성 장애인의 직업유지 요인

Factors Affecting the Job Retention of Individuals with Autistic Disorders

자폐성 장애인의 직업유지 요인

Factors Affecting the Job Retention of
Individuals with Autistic Disorders

임 경 원

이 연구의 목적은 자폐성 장애인의 개인특성, 가정환경 및 작업환경 요인과 직업유지 요인과의 관계를 밝히고, 교육 및 직업재활 서비스의 이론적 실천적 시사를 제시하는 데 있다.

이 연구에서는 양적 연구방법과 질적 연구방법을 병행하여 사용하였다. 양적 연구를 위하여 18세 이상의 성인 자폐성 장애인 중, 전직 유무에 상관없이 6개월 이상 직업생활을 유지하고 있는 42명의 자폐성 장애인을 연구 대상으로 삼았으며, 조사 대상은 각 조사지에 따라 부모 42명, 직장동료 42명, 사후지도 담당자 8명, 고용주나 노무관리자 18명을 대상으로 삼았다. 질적 연구를 위한 심층면담 대상은 정서장애학교의 취업담당교사 4명을 대상으로 하였다.

이 연구의 결과는 다음과 같다.

첫째, 직업유지의 판단 근거인 고용주 만족도에 대한 직업유지 요인들의 상대적 중요도는 일반적 기능수준, 가족기능, 작업기능 수준, 부모의 일에 대한 가치, 고용주 및 동료의 지지, 일에 대한 가치의 순으로 나타났다.

둘째, 자폐성 장애인의 개인특성, 가정환경 및 작업환경 하위 요인들의 직업유지에 대한 설명량을 알아본 결과, 직업유지의 판단 근거인 고용주 만족도에 유의한 영향을 미치는 것으로 나타난 요인은 일반적 기능수준으로 12.2%의 설명량을 나타냈다.

셋째, 자폐성 장애인의 개인특성, 가정환경 및 작업환경 하위 요인과 직업유지 요인 간의 상관관계를 '일상용어로 표현된 효과성 지수'로 알아본 결과,

고용주 만족도와 유의한 상관관계를 나타낸 요인은 일반적 기능수준(r =.379, p〈.01)으로 나타났으며, 일반적 기능수준이 높은 자폐성 장애인이 고용주 만족도도 높을 확률은 62.4%로 나타났다.

넷째, 연구 결과 및 직업유지에 영향을 미치는 요인에 대해서, 정서장애학교 취업담당교사들은 일반적 기능수준 요인이 직업유지에 결정적인 역할을 하게 되며, 가족의 기능이 높고 지원이 원활하게 이루어져야 하고, 고용주 및 동료의 지지가 자폐성 장애인의 직업유지에 중요한 요인임을 강조하였다.

결론적으로, 자폐성 장애인의 직업유지를 위해서는 자폐성 장애인의 개인특성 요인을 제고하여야 하며, 특히 일반적 기능수준에 대한 집중적인 교육과 훈련이 필요하다. 자폐성 장애인이 직업인으로서의 독립적 생활기능과 직업 소양을 갖출 수 있도록 관련 교육과정 및 중재전략에 관한 연구가 진행되어야 할 것이다. 또한, 가족의 참여 확대와 가족 지원, 고용주 및 동료를 위한 지원이 제공되어야 한다.

이 연구는 표집크기가 작다는 현실적 한계점이 있다. 이를 질적 접근에 의해 극복하고자 노력하였으나, 후속연구를 통하여 재확인할 필요가 있다.

차 례

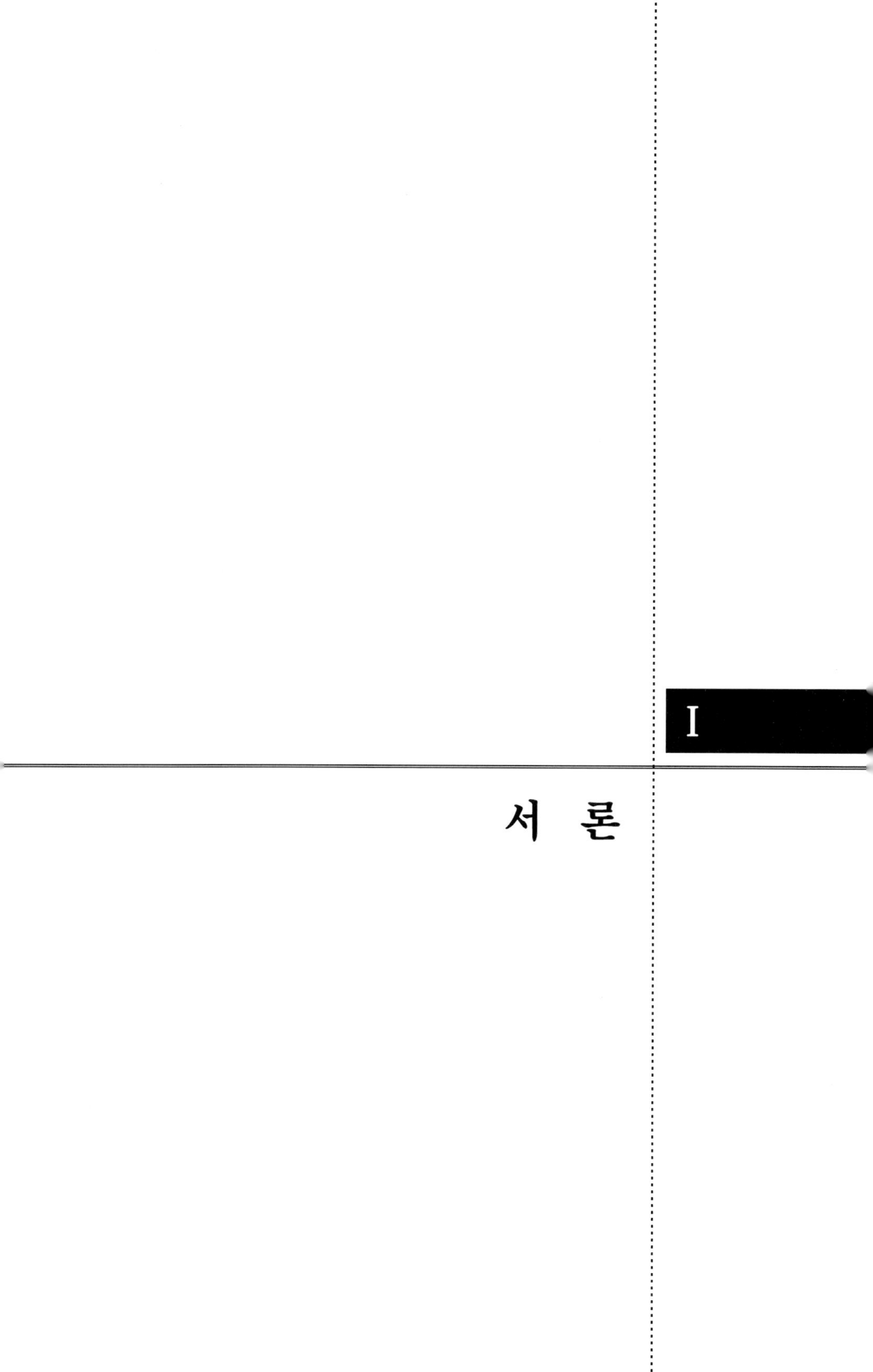

I

서 론

I. 서 론

1.
연구의 필요성 및 목적

특수교육의 목적이 읽고, 이해하고, 계산하는 능력을 키우는 데 있는가, 아니면 장차 살아갈 사회에서 시민으로서 잘 살아갈 수 있도록 준비시키는 데 있는가에 대한 논의가 오랫동안 진행되어 왔다. 모든 사람들의 견해가 같은 것은 아니지만, 많은 사람들이 특수교육의 목적은 미래 사회의 삶을 준비하는 데 있고, 그 삶의 질은 주로 직업생활의 성공 여부에 크게 좌우된다고 말한다(Kokaska & Brolin, 1985). 우리나라의 특수교육진흥법에서도, 특수교육을 필요로 하는 사람에게 자주적인 생활능력을 기르게 함으로써 생활안정과 사회참여에 기여할 수 있도록 하는 데 그 목적을 두고 있다.

이처럼 성공적인 전환과 직업재활은 특수교육의 핵심적 과제라 할 수 있다. 즉, 장애학생 개개인이 경제적 유용성을 지닌 채 독립적인 직업생활을 할 수 있도록 잠재능력을 최대한 길러주는 것이 매우 중요하다(곽승철, 1995).

만약 특수교육을 마친 후에도 성공적으로 사회에 참여하지 못하는 장애학생이 많다면, 특수교육의 고유한 책무성은 심각한 도전을 받게 된다. 최근 중요한 이슈로 등장한 '전환교육'은 바로 이러한 특수교육의 책무성, 즉, 공교육의 문제점과 장애인의 실업 및 낮은 삶의 질이 거론되기 시작하면서 출현하게 되었으며(조인수, 2002, p.25), 그 내용 또한 학교에서 사회로의 성공적인 전환과 직업재활을 강조하고 있다. 이러한 흐름은 의사소통이나 사회적 상호작용 기술이 부족하고, 자극에 대한 반응이 독특하며, 여러 가지 문제행동으로 인해 직업적 약점을 지닌 것으로 인식되어 온 자폐성 장애인에게도 그대로 적용된다.

그러나 우리나라의 경우, 자폐성 장애인에 대한 정의나 개념이 정확하게 확립되지 못하고 있는 것은 물론 국가기관의 통계자료마저도 일관되게 정리되지 못하고 있는 실정이다. 2000년 당시, 발달장애인(자폐증)이 13,481명으로 0.05%의 출현율을 나타내고 있다는 조사 결과(한국보건사회연구원, 2001) 외에는 관련 자료를 찾아보기 어렵다. 이처럼 자폐성 장애인의 인구학적 특성 등에 대한 국가기관의 통계자료가 미비한 이유는 자폐성 장애를 의미하는 발달장애 영역이 1999년에서야 장애인복지법상의 장애 범주에 포함되었기 때문으로 추정된다. 우리나라에서는 장애인복지법과 특수교육진흥법에서 자폐성 장애인에 대한 분류가 다소 상이하여 용어상의 혼동을 가져온 것이 사실이다. 특수교육진흥법에서는 자폐성 장애를 정서장애에 포함시키고 있으며, 장애인복지법에서는 발달장애인으로 분류하고 있다. 현재 자폐성 장애에 대한 용어 및 분류체계의 통일을 위한 논의가 진행되고 있는 점을 감안하면(이석진·김삼섭, 2005), 향후 이에 대한 일관성 있는 규정이 가능할 것으로 판단된다. 다만 현재 자폐성 장애인은 특수교육진흥법에 의거하여 정서장애학교에서 특수교육을 받고 있는 점을 고려하여, 자폐성 학생의 진로 현황을 통해 자폐성 장애인의 취업 현황 자료를 살펴볼 필요가 있다. 그러나 자폐성 학생의 진로 현황에 대한 자료 역시 찾아보기 어렵다. 2002년 정서장애학교 졸업생 95명 중 16명의 취업을 보고한 한국특수교육총연합회(2003)의 조사 결과가 있으나, 국회 보고 자료인 교육인적자원부(2004)의 특수교육 연차보고서에도 정서장애학교 졸업생의 취업에 관한 정보는 제시되어 있지 않다. 이처럼 자폐성 학생들의 취업과 관련된 조사 결과가 부족한 것은 현재까지 정서장애학교를 졸업한 학생 수가 다른 장애영역에 비하여 상대적으로 많지 않을 뿐 아니라, 취업률 또한 매우 낮기 때문인 것으로 추정된다.

이에 따라 자폐성 장애인의 취업률이 낮은 이유는 무엇인지에 대한 논의를 전개할 필요가 있다. 일반적으로 장애인의 취업률이 낮은 이유는 여러 가지로 추정되는데, 넓게는 사회적 인식 부족에서부터, 좁게는 직업 교육/훈련 직종의 부족, 적성직업 평가체제의 미흡, 직업세계의 변천 추이에 미치지 못하는 직업 교육/훈련 등이 주요 원인으로 지적되고 있다(김삼섭, 1997). 그러나 이러한 측면뿐만 아니라 자폐성 장애인의 성공적인 전환과 직업재활을 위해서는 특수교육 및 직업재활 서비스에서 고려해야 할 다양한 요인들이 있을 것으로 판단된다. 이러한 요인들을 알아보기 위해서는 자폐성 장애인을 포함한 장애인의 직업재활에 관련된 선행연구를 고찰해 볼 필요가 있다.

최근 장애인의 직업재활에 관련된 선행연구들을 살펴보면, 단지 취업률뿐만 아니라, 취업 후 직업생활을 유지하지 못하고 직장을 떠나는 사람이 많다는 점이 더 큰 문제로 지적되고 있다(김승아, 1995). 이로 인해 장애인의 직업유지에 영향을 미치는 요인 혹은 이직에 영향을 미치는 요인에 관한 연구가 점차 늘어나고 있는 추세이다. 흔히 직업유지는 지역사회에서 일정 기간 일을 하면서 그 사회에 통합되어 적응하는 능력이자 직업재활의 성과를 측정하는 한 부분이라고 한다(Katz et al., 1983). 이러한 관점에서 볼 때, 직업유지 요인과 이직 요인에 관한 연구는 직업생활을 어떤 측면에서 바라보느냐의 차이일 뿐, 그 내용은 크게 다르지 않다.

다만 이직 요인에 관한 연구는 직업유지 장애인의 수가 비교적 많은 장애 영역에서 그 시사하는 바가 더 클 것이며, 취업률도 제대로 파악되지 않고 있는 자폐성 장애인의 경우에는 직업유지 요인에 관한 연구가 더 의미

있는 결론을 제시해 줄 수 있다고 판단된다. 즉, 직업유지 인구가 많으면 이직 요인에 대한 제거를 통해서 직업유지율을 향상시킨다는 측면에서 이직 연구의 의미가 클 것이며, 자폐성 장애인의 경우에는 성공적으로 직업생활을 영위하고 있는 대상들에 대한 직업유지 요인을 연구함으로써 그 가능성을 증가시키는 것이 좀더 의미 있는 연구라 여겨진다.

장애인의 직업유지에 영향을 미치는 요인들은 살펴보면, 먼저 지체장애인을 대상으로 한 연구에서는 ① 인구사회학적 요인, 장애관련 요인, 직업훈련 요인, 취업관련 요인(변용찬·이은정·이계철, 2004), ② 신체기능 요인, 심리적 요인, 가족관련 요인, 직무 만족도 요인(염희영, 2004), ③ 심리적 요인, 직무관련 요인, 작업환경 요인, 사회적 요인(이상욱·박주영, 2002), ④ 직원 및 고용주와의 신뢰 및 긍정적 대인관계 형성, 보수 및 직위 변화, 가족의 만족 및 자부심, 명확한 업무분담, 사내 분위기, 업무 만족(최현미, 2002), ⑤ 개인적 요인, 가족적 요인, 서비스 이용환경 요인, 사회환경적 요인, 제도정책적 요인, 사회적 인식 요인(김세현, 2000) 등이 제시되었다. 또한, 정신장애 영역에서는 ① 자신감, 대인관계, 고용주 및 상사의 지지, 전문가의 지지(심경순, 2003), ② 고용주 및 동료의 지지, 사회적 낙인(류지수, 2003), ③ 직업재활 프로그램의 기간, 직업재활 프로그램 및 작업환경 만족도(최은영, 2002), ④ 재활 프로그램의 참여도(이봉원, 2000), ⑤ 두려움, 갈망, 무력감, 합리화(이방현, 2000), ⑥ 연령, 병전 직업력, 작업환경 만족도, 특별한 사람의 지지, 자기조절 효능감(이금진, 2000), ⑦ 업무 종류, 고용주 및 동료와의 관계, 직업재활기관의 지지(주소현, 1999), ⑧ 장애인과 부모의 일에 대한 가치, 정신적 증상, 작업적 기능수준, 사회적 지지, 직업재활 프로그램 참여도와 참여 기간(최희수, 1999), ⑨ 직업적응능력과 낙인에 대한 의식(오수정, 1999) 등이 제시되었다. 그리고 정신지체장애 영역에서는 ① 일반적 특성 요인, 사회적 기술 요인, 직업적 기술 요인, 사회적 지지 요인(이채식, 2005), ② 개인능력 요인, 개인의 정의적 특성, 부모의 양육방식, 부모의 태도 및 노력, 장애등급, 조기교육정도, 총 교육 기간, 부모의 학력, 부모의 수입(정인숙·박원희,

2004), ③ 개인적 특성, 가족 지원, 고용주의 경험, 작업동료의 지원, 정책인식(허경아, 1999) 등으로 나타났다.

이렇듯 다양한 요인들이 제시되고 있지만, 이 연구들은 주로 지체장애인과 정신장애인 및 정신지체인을 대상으로 이루어졌다. 이는 이미 취업 인구가 상대적으로 많은 장애 영역에 대해서만 연구가 진행된 것으로 볼 수 있다. 그러나 취업 인구가 매우 적은 자폐성 장애인을 대상으로 직업유지 혹은 이직 요인을 탐색한 연구는 찾아보기 어렵다.

자폐성 장애인이 비록 그들의 장애특성상, 의사소통이나 사회적 상호작용, 혹은 자극에 대한 반응 등에서 심각한 왜곡을 보인다 할지라도, 이를 직업적 장애로 규정지을 수는 없다(Suomi, Ruble, & Dalrymple, 1993). 또한, 직업유지에 공헌하는 요인들이 밝혀지면 장애인도 경쟁적 고용이 가능하며(Hanley-Maxwell et al., 1986), 이미 중증의 정서·행동 문제를 가진 자폐성 장애인도 일을 할 수 있고 다양한 직업을 가질 수 있음이 판명되고 있다(Smith, Belcher, & Juhrs, 1995).

다른 장애 영역에 비해서 많은 편은 아니지만, 자폐성 장애인의 전환교육이나 직업재활에 관련된 연구(Berkell, 1985; Berkell, 1987; Burt, Fuller, & Lewis, 1991; Duran, 1984b; Duran, 1987; Dalrymple & Angrist, 1987; Engstrom, Ekstrom, & Emilsson, 2003; Howlin & Mawhood, 1999; Howlin, 2000; Hurlbutt & Chalmers, 2004; Keel, Mesibov, & Woods, 1997; Lattimore, Parsons, & Reid, 2002; Luce & Dyer, 1995; McClannahan, MacDuff, & Krantz, 2002; Nesbitt, 2000; Nuehring & Sitlington, 2003; Richard, 1994; Sitlington, Dalrymple, & Dewees, 1986; Smith, Belcher, & Juhrs, 1995; Suomi, Ruble, & Dalrymple, 1993)와 직업관련 기술 증진을 위해 중재전략을 적용한 연구(Breen, Haring, Pitt-Conway, & Gaylord-Ross, 1985; Duran, 1984a; Duran, 1985; Foley & Staples, 2003; Halle, Schloss, & Schloss, 1989; Kemp & Carr, 1995; Quinn & Swaggart, 1994; Reichle, McComas, Dahl, Solberg, Pierce, & Smith, 2005; Smith & Coleman, 1986) 등이 지속적으로 보고되고

있다. 국내에서도 자폐성 장애인의 직업평가 영역에 관한 연구(곽승철·임경원, 1999; 이상진, 2000; 황의관, 2000)와 직업관련 기술 증진에 관한 연구(이경희, 2001; 장나영, 2001; 정운용, 2004; 조미숙, 2004)가 일부 보고되고 있으나, 직업유지에 관한 직접적인 연구 결과는 찾아보기 어렵다.

따라서 이미 성공적으로 직업생활을 영위하고 있는 자폐성 장애인을 대상으로 하여, 그들의 직업유지에 영향을 미치는 요인들이 무엇인지 알아보고, 이를 통해 자폐성 장애인의 성공적인 직업재활을 위한 이론적·실천적 시사를 도출할 필요가 있다. 또한, 자폐성 장애인의 직업유지에 관한 연구는 자폐성 장애인을 위한 학교 교육의 방향성을 제시해 주는 특수교육적 시사를 얻을 수 있다는 점에서도 연구의 의의가 있다.

자폐성 장애인의 직업유지에 영향을 미치는 요인들을 알아보기 위해서는 많은 요인들을 고려해야 한다. 그러나 이 연구에서는 자폐성 장애인의 특성과 특수교육 및 직업재활 서비스의 현실을 반영하여, 개인특성 요인, 가정환경 요인, 작업환경 요인의 세 가지 범주를 독립변수로 삼고자 한다. 종속변수인 직업유지는 보통 그 판단 근거로 직업유지 기간, 직업만족도, 취업상태 등이 제시되지만(최희수, 1999), 이 연구에서는 고용주 만족도를 근거로 삼고자 한다. 직업유지 기간이나 취업상태 등이 고용 상태에 대한 객관적 판단 근거라면, 직업만족도는 장애인의 관점에서 본 주관적 판단 근거가 될 것이다. 그러나 자폐성 장애인을 비롯한 발달장애인의 경우, 지적인 능력이나 의사소통의 문제로 인하여 직업만족도를 제대로 파악하기 어렵다는 현실적 제한점이 따른다. 이에 따라 자폐성 장애인의 직업유지를 판단할 수 있는 근거가 필요한데, 장애인의 직업적 성공연구에 관한 연구 결과를 검토한 결과(김삼섭, 1997; 김순금, 2000; 노임대·이달엽, 2003; 최경림, 2001), 고용주 만족도가 높으면 장애인의 고용이 유지될 것이라는 가정이 가능하므로, 자폐성 장애인의 직업유지에 대한 판단 근거로 고용주 만족도를 적용하고자 한다.

한편, 장애인의 직업유지에 영향을 미치는 요인들이 무엇인가를 알아보는 방법은 여러 가지가 있을 수 있다. 우리나라에서는 주로 고용주나 장애인을 대상으로 설문 조사를 통하여 직업유지 요인을 알아본 양적 연구가 대부분이지만, 심층면담 등을 통한 질적 연구도 부분적으로 이루어졌다. 양적 연구와 질적 연구는 나름대로의 장점과 제한점을 지니고 있기 때문에 최근에는 각각의 방법이 가진 약점을 보완하는 복합적인 방법을 시도하는 연구들이 나오고 있다(김병성, 1996, p.83). 이 연구의 대상인 자폐성 장애인은 모집단의 크기가 매우 작고 개인차 역시 다른 장애 영역에 비해 크기 때문에, 양적 연구와 질적 연구를 병행하여 직업유지 요인을 알아볼 필요가 있다.

이 연구는 양적 접근을 통하여 자폐성 장애인의 개인특성, 가정환경 및 작업환경과 직업유지와의 관계를 알아본 후, 이에 대한 정서장애학교 취업담당교사의 견해를 질적 접근을 통하여 알아보는 데 그 목적이 있다.

2.
연구문제

양적 연구에서는 자폐성 장애인의 개인특성, 가정환경 및 작업환경 하위 요인들의 직업유지에 대한 상대적 중요도 및 설명량과 직업유지에 영향을 미치는 확률을 알아보기 위하여, ① 개인특성은 일에 대한 가치, 일반적 기능수준, 작업기능 수준 요인으로, ② 가정환경은 부모의 일에 대한 가치, 가족기능 요인으로, ③ 작업환경은 고용주 및 동료의 지지 요인으로 구분하여 조사, 분석하였다. 질적 연구에서는 정서장애학교 취업담당교사들을 대상으로 심층면담을 실시하였다. 양적 연구와 질적 연구 각각의 구체적인 연구문제를 순서대로 기술하면 다음과 같다.

첫째, 자폐성 장애인의 개인특성, 가정환경 및 작업환경 하위 요인들의 직업유지에 대한 상대적 중요도는 어떠한가?

둘째, 자폐성 장애인의 개인특성, 가정환경 및 작업환경 하위 요인들의 직업유지에 대한 설명량은 어떠한가?

셋째, 자폐성 장애인의 개인특성, 가정환경 및 작업환경 하위 요인들이 직업유지에 영향을 미치는 확률은 어떠한가?

넷째, 조사 결과 및 직업유지에 영향을 미치는 요인에 관한 정서장애학교 취업담당교사의 견해는 어떠한가?

II

이론적 배경

Ⅱ. 이론적 배경

1.
장애인의 직업유지 요인

이 연구는 자폐성 장애인의 직업유지에 영향을 미치는 요인을 알아보고자 하는 데 그 목적이 있으며, 이를 위하여 장애인의 직업유지 요인 및 이직 요인에 관한 선행연구를 고찰해 볼 필요가 있다.

1) 장애인의 직업유지 요인에 관한 선행연구

직업유지의 정의는 지역사회에서 일정 기간 일을 하면서 그 사회에 통합되어 적응하는 능력으로 직업재활의 성과로 측정하는 것 중 한 부분(Katz et al., 1983)이라 정의하기도 하고, 직업재활 과정의 마지막 단계로서 여러 가지원조를 통해 만족스런 직장 적응을 하는 것(염희영, 2004; 이금진, 2000; 이상욱·박주영, 2002)으로 정의하기도 한다.

직업유지 기간에 대해서도 견해가 다양한데, 최소한 30일 이상(Distefano & Pryer, 1970), 다양한 취업경험 사이에 2주 이상 중단한 적이 없이 6개월 이상 현재까지 일을 하고 있는 상태(Cheadle & Morgan, 1972), 직업재활 프로그램을 종결한 후 60일간 일을 하고 있는 상태(Purlee, 1993)로 보고 있으며, 우리나라의 고용관련 통계에서는 1개월 이상 기간을 정하여 고용된 자를 상용근로자로 구분하고 있다(최희철·이방현·이미순, 2002). 이 연구에서는 직업유지를 전직 유무에 관계없이 6개월 이상 직장생활을 유지하고 있는 상태로 정의하였다.

장애인의 직업유지 요인에 관한 연구들을 보면, Chaffing(1969)은 중증장애인들의 직업유지에 필요한 기본적인 요인으로 생산율을 들면서, 생산율이 장기간의 직업유지와 밀접한 관련이 있다고 하였다. 또한 직무 만족도는 효율성·독립성·흥미·협동심·신중성·책임감·즐거움 등에 영향을 미침으로써, 장애인의 직업유지와 밀접한 관련이 있음이 밝혀졌다. 이 밖에 감독자의 지시에 따르기, 감독자의 비판 혹은 교정에 대한 적절한 반응, 짜증나게 하는 혹은 기괴한 행동의 억제, 직접적인 감독을 받지 않은 채 독립적으로 작업수행, 적절한 개인적 용모 유지 등도 직업유지와 밀접한 관련이 있는 것으로 밝혀졌다(Foss & Peterson, 1981).

장애인의 직업유지에 영향을 미치는 요인에 관한 연구 결과를 장애영역별로 세분하여 살펴보면 다음과 같다.

먼저, 지체장애인을 대상으로 한 연구를 보면, 경기도 취업 장애인의 직업유지 기간에 영향을 미치는 요인을 파악하기 위하여 인구사회학적 변수, 장애관련 변수, 직업훈련 관련 변수 및 취업관련 변수를 적용한 연구에서는, 성, 연령, 결혼상태, 가구소득, 일상생활 제한 여부, 직업훈련 경험, 임금, 고용의 안정성 및 직무내용에 대한 만족도 등이 장애인의 직업유지에 영향을 미치는 요인인 것으로 나타났다(변용찬·이은정·이계철, 2004). 이 연구에서는 장애인의 직업유지 기간을 연장하기 위해서는 직업재활 서비스가 취업 알선으로 끝나서는 안 되며, 취업 후에도 장애인의 능력과 적성에 맞는 훈련 및 평가, 철저한 직업평가, 그리고 사후관리의 강화가 요청된다는 점을 강조하였다.

신체기능 요인, 심리적 요인, 가족관련 요인, 직무 만족도 요인 등이 지체장애 근로자의 직업유지에 영향을 미치는 것으로 보고되기도 하였다(염희영, 2004). 이 연구는 지체장애인 근로자 256명을 대상으로 하였고, 직업유지에 가장 큰 영향을 미치는 요인은 직무 만족도 요인인 것으로 나타났으며, 신체기능 요인 중 상지기능이 상대적으로 중요한 것으로 나타났다.

부산·경남 지역의 지체장애인 161명을 대상으로 한 연구에서는, 직업유지에 영향을 미치는 심리적, 직무관련, 작업환경, 사회적 요인 중에서 직무관련 요인과 작업환경 요인이 유의미한 영향을 미치는 것으로 나타났으며, 심리적·사회적 요인보다 물리적 환경의 영향이 중요함을 강조하였다(이상욱·박주영, 2002). 근속·비근속 집단에 따른 직업유지 요인을 분석한 결과 근속 집단이 각 요인에서 긍정적인 특성을 보였으며, 비근속장애인집단에 비해 스스로 장애로 인한 문제나 영향을 가지고 있지 않고, 환경에서도 장애로 인한 차별을 받고 있지 않는 것으로 나타났다. 또한, 전체적으로 학력이 높을수록, 기혼인 경우, 후천적이거나 사고로 인한 장애인 경우, 직장이 있는 경우가 각 요인별로 긍정적이고 높은 결과를 나타냈다. 이 연구에서는 비근속장애인의 근속 유도를 위해서 기본적인 물리적 환경의 제공 및 개선, 즉 사업장과 관련된 조건 및 환경과 사회인식 및 차별개선이 선행되어야 함을 강조하였다.

3년 이상 장기근속 한 지체장애인 10명을 대상으로 직업생활 영향요인을 알아본 연구에서는, 직업생활 강화요인으로 직원 및 고용주와의 신뢰 및 긍정적 대인관계 형성, 직업생활 기간에 따라 높아지는 보수 및 직위의 변화, 가족들의 현 직장에 대한 만족 및 자부심, 명확한 업무분담 및 사내 분위기, 업무에 대한 자기만족 등을 제시하였다(최현미, 2002). 직업생활유지에 위기를 가져오는 요인으로는 직장 내 차별과 적은 보수, 인간관계 형성과정, 일의 단조로움, 업무의 과다 등이 제시되었다. 이 연구는 심층면담을 통한 질적 연구로 보다 구체적으로 장애인의 장기근속에 영향을 미치는 요인을 분석하는 귀납적 절차를 거쳐 결론을 도출하였다.

여성지체장애인을 대상으로 직업생활지속 강화요인을 알아본 연구에서는, 개인적 측면인 취업 및 자립의지, 장애수용 및 자아존중감, 경제적인 어려움, 성격 등이 직업생활에 어려움을 미치며, 가족적 측면에서는 부모의 양육태도, 장애자녀교육, 가사부담 및 자녀양육이, 서비스 이용환경 측면에서는 직업훈련, 구직등록, 서비스지원, 사후관리가 직업생활에 영향을 미친다고 하였다(김세현, 2000). 사회환경적 측면에서는 구직시도경험, 직무관련 요인, 직장 내 차별이나 배려, 출·퇴근 시 교통문제, 편의시설 설치 등이 중요한 요인이며, 제도정책적 측면에서는 제도의 충분성, 제도의 효과성, 제도적 욕구를 개선 보완해 나가야 한다고 하였다. 또한 사회인식적 개선을 위한 노력이 필요하다고 하였다.

이상에서 살펴본 바와 같이, 지체장애인의 직업유지에는 ① 개인적 요인인 성, 연령, 학력, 장애발생시기, 신체기능, 취업 및 자립의지, 장애수용 및 자아존중감, 자기효능감, 경제적인 어려움, 성격, ② 가정관련 요인인 결혼상태, 가구소득, 가족의 만족 및 자부심, 부모의 양육태도, 장애자녀교육, 가사부담 및 자녀양육, 가족의 지지와 태도, ③ 직무관련 요인인 직무내용, 업무분담, 업무량, 직무 만족도, 임금 수준, 고용의 안정성, 승진, ④ 작업환경 요인인 동료 및 고용주와의 관계, 사내 분위기, ⑤ 기관 및 프로그램 요인인 직업훈련, 구직등록, 서비스지원, 사후관리가, ⑥ 사회적 환경요인인 편의시설 등의 물리적 환경, 사회인식 및 차별개선 등이 주요한 영향을 미치는 요인임을 알 수 있다.

다음으로, 정신장애인을 대상으로 한 연구 결과를 살펴보면, 정신장애인이 인식하는 직업유지 요인에 관한 연구에서 정신장애인 5명을 대상으로 질적 연구를 실시한 결과, 직업유지에 영향을 미치는 요인으로 자신감, 대인관계의 원만성, 고용주 및 상사의 지지, 전문가의 지지가 제시되었다(심경순, 2003). 이 연구에서는 정신장애인 스스로의 주관적 자신감이 직업유지에 가장 영향을 미친다는 점과 전문가들의 현장지원 및 가족의 적극적 개입과 역할이 강조되었다.

기능이 높은 정신장애인 4명의 취업경험에 관한 질적 연구에서, 정신장애인의 취업을 저해하는 주제어로 두려움, 갈망, 무력감, 합리화 등이 제시되기도 하였다(이방현, 2000). 이 연구에서는 정신장애인의 기능을 고려한 서비스 제공 및 업종개발, 취업서비스의 포괄성과 확장성 제안, 건강한 지지체계의 확보, 구직과정에서 재활기관과 취업장 사이의 완충지역 형성, 정서적 지원서비스, 정신장애에 대한 홍보와 교육 등을 제안하였다.

정신분열병 환자의 직업유지와 작업환경의 관계를 알아보기 위해, 6개월 이상 직업을 유지하고 있는 5명의 정신장애인을 대상으로 실시한 또 다른 질적 연구에서는, 직업유지에 크게 영향을 미치는 요인으로 업무 종류, 고용주 및 동료와의 관계, 직업재활기관의 지지가 중요한 것으로 나타나기도 하였다(주소현, 1999).

정신장애인의 직업유지에 영향을 미치는 요인에 관한 양적 연구를 보면, 개인적 특성 요인(직업적응능력, 자신의 일에 대한 가치, 취업경험), 가족환경 요인(부모의 일에 대한 가치, 가족기능), 사회적 환경요인(고용주 및 직장동료의 지지, 직업재활기관의 지지, 친구의 지지, 사회적 낙인) 등을 독립변수로 하고, 6개월 이상 직업을 유지한 집단과 2개월 이하로 직업을 중단한 집단을 대상으로 하여 직업유지 기간을 종속변수로 한 연구 결과, 개인적 특성 요인이나 가족환경 요인은 직업유지 여부와 관련성이 나타나지 않았으며, 사회적 환경요인인 고용주 및 동료와의 지지와 사회적 낙인이 직업유지에 영향을 미치는 것으로 나타났다(류지수, 2003).

직업유지 기간을 종속변수로 삼아 6개월 이상 직업을 유지한 집단과 직업을 유지하지 못한 집단을 대상으로 하고, 독립변수로는 개인적 요인·직업재활 프로그램 요인·직업 환경적 요인을 선정한 연구 결과, 직업재활 프로그램 기간, 직업재활 프로그램 만족도, 작업환경 만족도가 직업유지 기간의 유의미한 예측 요인으로 나타났다(최은영, 2002). 이 연구에서 개인적 특성 요인은 직업유지에 영향을 미치지 않았으며, 직업재활 프로그램 참여기간은 오히려 부정적 영향을 미치고, 직업재활 프로그램의 만족도 역시 부정적인 영향을 미치는 것으로 나타났고, 작업환경 만족도가 긍정적인 영향을 미쳤다. 즉, 취업장의 고용주와 동료 등의 영향이 큰 것으로 나타났다. 이 연구에서 사회적 지지나 사후관리가 긍정적인 영향을 미칠 것이라는 가설은 기각되었다. 또한, 일반재활 프로그램의 참여도가 직업유지 기간에 영향을 미치며, 사회적 지지지도는 통계적으로 의미가 없다는 연구 결과도 있었다(이봉원, 2000).

직업유지 기간을 종속변수로 삼고, 인구학적 요인·개인적 특성 요인·심리적 요인·사회환경적 요인을 독립변인으로 선정한 연구 결과, 직업유지에 영향을 미치는 요인으로 연령, 병전 직업력, 작업환경 만족도, 특별한 사람의 지지가 제시되기도 하였다(이금진, 2000). 이 연구에서 자기존중감과 자기효능감은 직업유지 기간과 관계가 없는 것으로 나타났으며, 자기조절 효능감은 직업유지 기간에 영향을 미치는 요인으로 나타났다.

정신분열증 환자와 부모의 일에 대한 가치, 정신적 증상, 작업적 기능수준, 사회적 지지, 직업재활 프로그램 참여도와 참여기간 등이 직업재활 성과에 중요한 영향을 미치는 예측 요인임을 밝힌 연구도 있었다(최희수, 1999).

정신장애인의 직업유지에 영향을 미치는 독립변수를 일상생활, 직업적응능력, 낙인의식, 사회적 지지, 서비스의 만족정도, 스트레스 대처 경향으로 삼은 연구에서는, 낙인의식, 사회적 지지, 사회사업가에게 제공받는 서비스의 만족도, 직업적응능력이 높은 상관관계를 갖는 것으로 나타났으며, 직업적응능력과 낙인에 대한 의식이 직업유지에 가장 많은 영향을 미치는 것으로 나타났다(오수정, 1999).

한편, 정신장애인의 직업재활모델 개발에 관한 연구를 통해, 직업유지를 위해서는 정기적인 현장방문과 고용주와 클라이언트의 만족도 평가, 문제발생 시 클라이언트 옹호 및 대리인 역할을 해 줄 필요가 있음을 제시한 연구도 있었다(장혜경, 1996).

이상에서 살펴본 바와 같이, 정신장애인의 경우에는 ① 개인적 요인인 연령, 자신감, 자기조절 효능감, 일에 대한 가치, 정신적 증상, 낙인의식, 대인관계의 원만성, 작업적 기능수준, 직업적응능력, 취업경험, ② 가정관련 요인인 가족의 지지, 부모의 일에 대한 가치, 가족기능, ③ 직무관련 요인인 업무 종류, ④ 작업환경 요인인 고용주 및 상사의 지지, 작업환경 만족도, 동료와의 관계, ⑤ 전문가 요인인 전문가의 현장지원, 사회사업가에게 제공받은 서비스 만족도, ⑥ 기관 및 프로그램 요인인 직업재활 프로그램 참여도와 기간, 직업재활기관의 지지, 업종개발과 지지체계 등의 취업서비스, ⑦ 사회적 환경요인인 사회적 낙인, 사회적 지지, 정신장애에 대한 홍보와 교육 등이 직업유지에 영향을 미치는 주요 요인임을 알 수 있다.

정신지체인의 직업유지에 관한 연구 결과를 살펴보면, 일반적 특성, 개념적 기술, 사회적 기술, 직업적 기술, 사회적 지지 등의 다섯 가지 직업유지 요인을 독립변인으로 삼고, 정신지체인의 직업유지 기간, 이직경험 횟수, 이직경험 유무를 종속변인으로 삼은 연구가 진행되었다(이채식, 2005). 이 연구 결과, 직업적 유지 기간에 유의한 영향을 주는 변인들은 일반적 특성 중에서 직종, 종업원 수, 장애인 수, 작업지도원 유무, 사회적 기술 요인 중에서 안전능력, 금전관리능력, 직업적 기술 요인 중에서 직업생활태도, 작업도구수행능력, 직업적 행동특성, 사회적 지지 요인 중에서 전문가 지지 등으로 나타났다. 또한, 이직경험 횟수에 유의한 영향을 주는 변인들은 일반적 특성 중에서 월평균 임금, 복리후생시설 수, 직종, 개념적 기술 요인 중에서 수개념, 직업적 기술 요인 중에서 직업생활태도, 직업적 행동특성 등으로 나타났다. 그리고 이직경험 유무에 유의하게 영향을 주는 요인은 일반적 특성 요인 중에서 직종, 복리후생시설 수, 직업적 기술 요인에서 직업생활태도, 작업동료와의 협조성인 것으로 나타났다. 즉, 일반적 특성 요인 중 종업원 수, 장애인 수, 작업지도원 배치, 직종, 복리후생시설 수, 사회적 기술 요인 중 안전에 관한 능력, 금전관리 능력, 직업적 기술 요인 중 직업생활태도, 작업도구수행능력, 직업적 행동특성, 사회적 지지 요인 중 전문가 지지가 중요하다고 하였다.

정신지체 성인의 직장유무에 영향을 미치는 관련변인, 요인 간 상관 및 결정요인을 분석한 연구에서는, 개인능력 요인(의사소통, 읽기, 수세기ㆍ셈하기, 손재주, 사물ㆍ인간관계 파악)이 직장유무를 예언하는 정도는 15.0%, 개인의 정의적 특성(성실ㆍ근면, 책임감, 자신감ㆍ의욕, 지속력)은 12.3%, 부모의 양육방식(칭찬, 생활훈련, 장애수용)과 부모의 태도ㆍ노력(기초적인 생활지도, 취업정보수집, 취직을 위한 방문, 창업이나 자립을 위한 노력, 장애개선을 위한 노력)은 0.5%, 장애등급, 조기교육정도, 총 교육 기간은 2.6%, 부모의 학력과 부모의 수입은 0.5%를 예언하였으며, 이 모든 변인이 직장생활에 영향을 미치는 정도는 30.9%로서 상당히 큰 영향을 미치는 것으로 나타났다(정인숙ㆍ박원희, 2004).

정신지체인의 고용유지에 영향을 미치는 요인으로 개인적 특성, 가족 지원, 고용주의 경험, 작업동료의 지원, 정책인식 등 다섯 가지 요인을 적용한 연구 결과, 정신지체인의 개인적 특성에서는 언어구사능력, 가족 지원에서는 가족의 기대수준, 출퇴근 및 물리적 지원, 필요한 정보제공, 동료들과의 상호작용, 고용주의 경험에서는 친구나 가족 등 주변인 중 장애인 유무, 동료의 지원에서는 대상자의 권리옹호와 다른 사람들에게 대상자를 소개시켜 주는 정도 등이 고용유지에 유의미한 영향을 미치는 것으로 나타났다(허경아, 1999).

이상에서 살펴본 바와 같이, 정신지체인의 직업유지에 영향을 미치는 주요 요인은 ① 개인특성 요인인 수세기ㆍ셈하기 및 금전관리능력, 직업생활태도와 직업적 행동특성(사물ㆍ인간관계 파악, 성실ㆍ근면, 책임감, 자신감ㆍ의욕, 지속력, 안전능력 등), 작업도구수행능력(손재주 등), 언어구사능력(의사소통, 읽기 등), 장애등급, ② 가정관련 요인인 부모의 양육방식(칭찬, 생활훈련, 장애수용), 부모의 태도ㆍ노력(기초적인 생활지도, 취업정보수집, 취직을 위한 방문, 창업이나 자립을 위한 노력, 장애개선을 위한 노력, 가족의 기대수준, 출퇴근 및 물리적 지원, 필요한 정보제공, 동료들과의 상호작용,), 부모의 학력, 부모의 수입, ③ 전문가 요인인 전문가의 지지, ④ 작업환경 요인인 종업원 수, 장애인 수, 작업지도원 배치, 직종, 복리후생시설 수, 고용주의 친구나 가족 등 주변인 중 장애인 유무, 대상자의 권리옹호와 다른 사람들에게 대상자를 소개시켜 주는 동료의 지원 정도 ⑤ 기관 및 프로그램 요인인 조기교육 정도와 총 교육기관 등임을 알 수 있다.

장애인의 직업유지에 관한 선행연구는 지체장애인을 대상으로 한 연구(김세현, 2000; 변용찬·이은정·이계철, 2004; 염희영, 2004; 이상욱·박주영, 2002; 최현미, 2002)와 정신장애인을 대상으로 한 연구(류지수, 2003; 심경순, 2003; 이금진, 2000; 이방현, 2000; 이봉원, 2000; 오수정, 1999; 장혜경, 1996; 주소현, 1999; 최은영, 2002; 최희수, 1999), 그리고 정신지체인을 대상으로 한 연구(이채식, 2005; 정인숙·박원희, 2004; 허경아, 1999)로 나누어 볼 수 있다.

전체적으로 종합해 보면, 장애인의 직업유지에 영향을 미치는 요인은 크게 ① 개인적 요인 ② 가정환경 요인 ③ 직무관련 요인 ④ 작업환경 요인 ⑤ 전문가 요인 ⑥ 기관 및 프로그램 요인 ⑦ 사회적 환경요인의 일곱 가지 요인으로 범주화할 수 있다. 이는 모든 장애 영역에서 직업유지에 영향을 미치는 핵심적인 요인이라 할 수 있을 것이다. 다만, 장애영역별로 보았을 때, 지체장애인은 직무관련 요인과 작업환경 관련 요인, 정신장애인은 기관 및 프로그램 요인과 사회적 환경요인, 정신지체인은 개인적 요인과 가정관련 요인이 타 장애 영역에 비해서 상대적으로 중요한 영향을 미치는 것으로 분석해 볼 수 있다.

직업유지에 영향을 미치는 요인과 직업유지의 관계를 알아보기 위해서는 직업유지에 대한 판단 근거를 무엇으로 삼을 것인가에 대한 이론적 검토가 필요하다. 이를 위해서, 장애인 직업재활 분야에서 진행된 장애인의 직업적 성공요인에 관한 연구를 함께 살펴볼 필요가 있다.

직업적인 성공은 자신이 일하고 있는 지금의 직장에서 성공했다고 느끼고 있는 정서적 상태와 같은 주관적인 관점과 타인이 자신의 직업이나 수입, 그리고 사회적인 위치들을 감안하여 성공했다고 인정하는 객관적인 관점의 일치정도를 말한다(노임대·이달엽, 2003).

장애 근로자와 일반 근로자의 비교분석을 통해 직업성공에 대한 요인 간의 차이를 구명하고 가설적 이론모형을 검증한 연구 결과, 직업성공을 구성하는 요인으로, 개인·가정·조직 측면과 주관적·객관적 성공요인이 제시되었고, 구조방정식 모형을 통해 16개의 관측변수(임금－진급, 작업역할－대인관계, 만족, 생활성공, 직급, 근속연수, 이직횟수, 이직평균 근속연수, 소득, 자아존중, 자기효능감, 다중역할 스트레스, 배우자의 직업, 자원 활용 능력, 네트워킹, 조언자)가 제시되었다(노임대, 2003). 이 연구에서는 장애 근로자와 일반 근로자 집단 모두 직종이 직업성공에 영향을 미치는 것으로 조사되었고, 연령과 이직경험이 이직에 영향을 미치는 것으로 나타났다. 이에 따라, 직종의 영향을 고려하여 장애인의 학력을 신장시키고 직종을 전문화할 필요가 있으며, 임금 정도와 같은 객관적인 직업성공보다는 임금과 진급에서의 만족과 같은 주관적인 직업성공을 더 고려해야 한다고 하였다. 또한, 이직을 줄이기 위해서는 직장 내의 유용한 인적자원과 네트워크의 수를 늘이고, 대인관계에 노력을 기울여야 한다고 하였다.

정신지체인의 직업적 성공요인에 관한 연구에서 제조업체 관리자 37명을 대상으로 설문 조사를 실시한 결과, 직업적 성공요인의 범주별 서열은 작업 관련 기술군, 개인적 기술군, 의사소통 기술군, 사회적 기술군의 순서로 나타났고, 직종별 성공요인의 범주별 서열은 식품관련, 단순제조, 조립/포장, 의류관련 직종에서도 같은 순으로 나타났다(최경림, 2001). 다만 직원규모별 성공요인의 범주별 서열은 100인 이하의 사업체에서 작업관련 기술군이 가장 중요한 요인으로 나타났고, 100인 이상의 사업체에서는 개인적 기술군이 중요한 요인으로 나타났다. 이 연구 결과는 사업체 실정을 고려할 때, 작업 관련 기술과 개인적 기술을 중심으로 한 교육과 훈련이 필요하고, 정신지체인이 직업적 성공을 거두기 위해서는 대인관계 관련 요인이 중요하며 지속적인 고용유지를 위한 동료직원들의 지원이 필요함을 보여주고 있다.

고용주가 요구하는 장애인의 직업적 성공요인에 관한 연구 결과, 정신지체와 청각장애는 작업관련 기술군이 1위로, 지체장애는 개인적 기술군이 1위의 서열로 나타났으며, 그 외는 대부분 2위가 작업관련 기술군 또는 개인적 기술군으로 나타났다(김순금, 2000). 이 연구에서 장애유형과 대분류 직군에 관계없는 전체 범주별 서열은 작업관련 기술군, 개인적 기술군, 의사소통 기술군, 사회적 기술군의 순으로 나타났다.

고용주 등을 대상으로 한 다른 연구에서는, 장애인 고용사업체 관련자들이 중요하다고 생각하는 직업적 성공관련 요인은 의사소통관련 기술 요인, 작업관련 기술 요인, 사회적 기술 요인, 개인적 기술 요인의 순으로 나타났다(김삼섭, 1997). 이 연구에서는 장애인 교육 혹은 직업재활 과정에서 의사소통 기술에 더 많은 관심을 가질 필요가 있으며, 원만한 직장생활을 위해 작업관련 기술을 갖추어야 하며, 대인관계나 용모단정, 성실성이나 상냥하고 쾌활한 성격 등의 인성적 요인이 매우 중요함을 강조하였다.

이상에서 살펴본 바와 같이, 직업적 성공요인과 관련된 연구는 장애인의 관점에서 직업적 성공요인을 알아본 연구(노임대 · 이달엽, 2003)와 고용주의 관점에서 직업적 성공요인을 알아본 연구(김삼섭, 1997; 김순금, 2000; 최경림, 2001)로 분류할 수 있다. 이러한 직업적 성공요인에 관한 연구는 장애인의 직업유지를 판단하는 데 중요한 근거를 제공해 준다.

일반적으로 직업유지를 판단하는 근거는 직업유지 기간, 직업만족도, 취업상태 등이 제시된다(최희수, 1999). 여기서 직업유지 기간이나 취업상태 등이 고용 상태에 대한 객관적 판단 근거라면, 직업만족도는 장애인의 관점에서 본 주관적 판단 근거가 될 것이다. 바로, 장애인의 직업유지를 위해서는 장애인 자신의 직업만족도가 중요한 판단 근거가 된다는 점이다. 그러나 자폐성 장애인을 비롯한 발달장애인의 경우 지적인 능력이나 의사소통의 문제로 인하여 직업만족도를 제대로 파악하기 어렵다는 현실적 제한점이 따른다. 그런데 직업적 성공요인에 관한 연구는 이러한 현실적 제한점을 극복할 수 있는 단서 역시 함께 제공해 주고 있다. 즉, 장애인 고용에 대한 만족 정도인 고용주 만족도가 높을수록, 고용주는 장애인 고용을 지속적으로 유지할 것이라는 가정이 가능한 것이다. 이는 고용주 만족도가 장애인의 직업유지를 판단하는 근거가 될 수 있음을 의미한다. 따라서 이 연구에서는 장애인의 직업유지에 영향을 미치는 요인들을 알아보기 위한 종속변인으로 고용주 만족도를 그 판단 근거로 삼고자 한다.

한편, 직업유지 및 성공에 관한 연구는 이직 요인에 관한 연구와도 그 흐름을 같이하게 되는데, 이는 직업생활을 어떤 측면을 중심으로 보느냐에 따른 관점의 차이라 할 수 있다. 이러한 맥락에서 장애인의 이직 요인에 관한 선행연구를 살펴볼 필요가 있다.

2) 장애인의 이직 요인에 관한 선행연구

일반적으로 이직(離職)은 노동력의 지역 간, 산업 간, 직종 간 및 동일 직장 내에서의 계층 간 이동을 말하는 노동의 이동으로 정의하는 광의의 개념과, 근로자의 이탈만을 의미하는 협의의 개념으로 구분한다(박석돈·조주현·한미현, 2004).

이직의 유형은 근로자가 주체가 되어 의사결정을 하는 자발적 이직과 조직에 의해 이루어지는 비자발적 이직의 두 종류가 있다. 자발적 이직은 근로자 스스로가 조직과 고용관례를 종결하는 것으로서 전직과 사직을 말하며, 비자발적 이직은 조직에 의해서 고용관계가 단절되는 것으로, 영구 해고나 일시 해고 및 정년퇴직 등을 포함하고 있다(李龍輝, 1996). 그러나 일반적으로 이직에 관한 연구는 자발적 이직에 관한 것이 대부분이다(Abelson, 1987). 이직과 관련된 모형은 ① 비용-편익 분석에 의한 경제학적인 모형, ② 조직과 직무, 노동시장의 환경에 대한 근로자의 인지적 평가에 초점을 둔 심리학적 모형, ③ 직무환경과 관련된 구조적 차원을 결합시킨 사회학적 모형의 세 가지 모형이 제시되고 있다(이기효, 1995).

장애인과 관련된 연구를 보면, 장애인의 이직에 영향을 미치는 요인들로 ① 작업수행 관련 요인(무능력 / 받아들일 수 없는 기술 수준, 경험부족, 신체적 / 심리적 결격 사항, 직무에 관한 지식 부족, 개선의 기미가 보이지 않음), ② 작업행동 관련 요인(신뢰할 수 없음, 좋지 못한 대인관계, 솔선수범을 보이지 않음, 연구력 부족, 판단력 부족, 의사소통 기술의 결여, 결근 / 태업, ③ 비행(규칙위반, 절도, 정직하지 못함, 반항, 중독 / 근무 중 약물사용, 부주의, 분쟁야기), ④ 기타 요인(용모, 성격 결함) 등이 제시된 바 있다(Kiernan & Rowland, 1989).

직업을 잃게 되는 이유들로 계약 해제, 활력부족, 반항, 공격적 행동, 잦은 결근, 새로운 감독자의 지시에 불응 등의 요인들이 밝혀졌으며, 부모의 태도나 교통수단의 불편 등도 직업유지를 저해하는 요인으로 밝혀졌다(Brickey, Browning, & Campbell, 1985). 이와 같은 결과는 그들의 선행연구(Brickey, Browning, & Campbell, 1982)에서도 마찬가지로 나타났다. 이밖에도 작업기술과 인간관계 기술의 부족과 부적응 행동(Wehman et al., 1982), 성격·생산성·사회적 기술부족 등(Hanley-Maxwell et al., 1986)이 직업을 잃게 되는 중요한 이유들로 밝혀졌다. 또한, 장애인이 직업을 잃는 주된 이유가, 사회적 기술의 부족, 부적절한 작업행동, 작업기술과 같은 직업적 기술의 부족임이 밝혀졌다(Lignugaris-Kraft et al., 1988).

장애인 근로자를 대상으로 한 국내 논문들을 살펴보면, 장애 근로자의 이직에 영향을 미치는 요인으로 연령, 근속기간, 직업적성, 성격특성 등과 관련된 개인적인 요인과 직무내용에 대한 반응, 과업 반복성, 직무자율성 및 책임 등의 직무관련 요인, 취업기호, 지역사회지원, 계속적인 지원 등과 관련된 환경적인 요인의 세 가지 요인이 제시된 바 있다(박석돈·조주현·한미현, 2004).

장애인 근로자와 정상인 근로자의 이직 요인 비교연구에서, 인구통계학적 요인, 직무내용, 직무환경, 조직특성, 이직경험, 직무만족, 조직몰입, 이직의 도로 그 요인을 선정하여 경로분석을 실시한 결과, 사회경제적 요인들은 직무내용, 직무환경, 조직특성, 이직경험에 직접적인 영향을 미치며, 직무내용과 조직특성은 장애인 근로자와 정상인 근로자 모두의 직무만족과 조직몰입에 긍정적인 영향을 미치는 것으로 나타났다. 그리고 직무환경은 다른 특징들이 같은 경우 직무만족에 부정적인 영향을 미치고, 직무만족은 이직의도에 직접적으로 부정적인 영향을 미침과 동시에 조직몰입에 영향을 미친 후 간접적으로 이직의도에 부정적인 영향을 미치는 것으로 나타났다(김기원·김언아, 1996).

근로 장애인의 이직 요인 분석과 대처방안에 관한 연구에서는, 직무만족과 조직몰입이 이직의도의 예언변인으로 중요하며, 직무에 불만을 느껴 이직하는 경향이 높다고 하였다(김승아, 1995). 또한 이 연구에서는 이직을 좋게 생각하는 집단일수록, 대안적 직무기회가 적을수록, 기혼일수록, 임금을 많이 받을수록 이직의도가 높은 것으로 나타났으며, 청각장애인과 선천성 장애인이 이직의도가 낮은 것으로 나타났다.

장애인 직장 적응과 대인관계에 관한 연구에서는, 직업재활 서비스의 도움정도가 클수록 전반적으로 대인관계가 좋은 것으로 나타났으며, 장애로 인한 불편정도의 지각과 대인관계에서는 장애를 불편하지 않다고 지각할수록, 재직기간이 길수록 대인관계 만족이 높게 나타났다(김승아, 1994). 또한 이 연구에서는 이직의도에 가장 영향을 미치는 직무요인으로는 감독·상사, 직무, 임금만족도였으며, 이들의 이직의도 설명량이 46%로 나타나서 이직감소를 위해 직무만족을 높여야 한다고 하였다.

직업의 안정성이 이직의도에 미치는 영향에 관한 연구에서는, 안정적 직업 집단은 비안정적 직업 집단에 비해 자신의 직업을 보다 안정적으로 인식하며, 이직을 적극적으로 고려하고 있지 않다고 하였다(김소연, 2002). 그리고 비안정적 직업 집단은 개인특성 및 외부환경 요인에 따라 안정적 직업 집단에 비해 더 적극적으로 이직을 고려하고 있다고 하였다.

장애영역별로 특화시킨 연구를 보면, 지체장애인의 경우에는 월급, 기업체의 경영난, 적성, 장래성 부족 등이 이직에 영향을 미치므로 이직 예방을 사후관리 방안이 필요하다는 주장이 제기되었다(이성혜, 1998).

청각장애 근로자에 대해서는 이직의도에 영향을 미치는 요인이 직무관련 요인과 환경관련 요인인 것으로 나타났으며(김현주, 2002), 시각장애인의 경우에는 연령, 교육수준, 결혼, 실명시기, 수입, 재직기간, 직종, 실직 시 재취업성의 여부, 장애로 인한 불편 정도 등이 주요 이직 사유로 나타났다(전영환, 1997).

이상에서 살펴본 바와 같이, 장애인의 이직 요인에 관한 연구 결과를 종합해 보면, ① 개인특성 요인(작업수행능력, 사회적 기술, 문제행동, 인구사회학적 특성 - 연령, 장애발생시기, 교육수준, 직업적성, 이직경험 등), ② 가정환경 요인(결혼), ③ 직무관련 요인(직무만족, 직무몰입, 직무내용, 직무자율성 및 책임 등) ④ 작업환경 요인(직무환경, 조직특성, 조직몰입, 임금, 감독·상사, 장래성) 등이 주요한 요인으로 나타났다. 즉, 장애인의 이직에서는 개인특성 요인과 직무 및 작업환경 관련 요인이 중요한 영향을 미치는 것으로 파악할 수 있다.

장애인의 이직 요인은 직업유지와 밀접한 관련이 있기 때문에, 직업유지 요인에 관한 연구 결과의 분석에 있어서, 선행연구에서 밝혀진 이직 요인들을 고려하고자 한다.

2.

자폐성 장애인의 직업유지 요인

이 연구의 목적을 달성하기 위해서, 자폐성 장애의 특징과 직업적 가능성에 대한 선행연구, 자폐성 장애인의 직업재활관련 선행연구, 자폐성 장애인의 직업기술 증진을 위해 중재전략을 적용한 선행연구를 살펴보았으며, 이를 통해 연구에 활용할 직업유지 요인을 도출하였다.

1) 자폐성 장애의 특성과 직업

자폐성 장애(autistic disorder)는 1943년, Leo Kanner 박사에 의해 처음으로 자폐증(autism)이라 명명되고 기본적인 진단기준이 수립되었다. 미국정신의학협회(1994)에서 발행한 미국진단 및 통계편람 제4판(DSM-Ⅳ)에 의하면, 자폐성 장애는 전반적 발달장애의 한 증후군으로, 생후 3년 이내에 발생하며, 사회성, 의사소통, 의례적 행동 등의 영역에서 손상을 보이는 장애 영역이다. DSM-Ⅳ에서는 ① 사교적 상호관계, 의사소통의 질적 장애, 반복적이고 상투적인 형태의 행동·관심·활동 등의 영역에서 6개 이상의 항목에 해당하며, ② 3세 이전에 사회적 상호관계, 사교적 의사소통의 방법으로 언어사용, 상징적 혹은 흉내 내기 놀이 등의 영역에서 지체, ③ 레트 장애나 소아기 붕괴성 장애와는 다른 특성을 지니는 것으로 자폐증상의 진단기준을 제시하고 있다. 또한, 미국자폐학회(1997)에서는 생후 3년 안에 발생되는 중증의 발달장애로 뇌기능에 영향을 주는 신경학적 장애의 결과로 정의하고 있다. 그 특징으로 신체적, 사회적, 언어적 기술 등에서 발달속도에 장애가 있고, 감각적인 자극에 비정상적으로 반응하며, 특정한 사고능력이 있어도 말이나 언어가 부재하거나 지체가 관찰되며, 사람, 사물 사건에 대하여 연관을 맺는 데 비정상적인 방법을 보인다고 하였다.

자폐성 장애의 스펙트럼 안에는 상이한 발달 양상을 보이는 다양한 하위 집단들이 있다(Quill, 2001, p.1). 자폐성 장애가 스펙트럼 스타일의 다양한 증세를 나타내기 때문에 Loana Wing(1989)에 의해서 자폐 스펙트럼 장애

(autistic spectrum disorder)라는 용어가 사용되기 시작하였고, 최근 1990년대 중반부터 이 용어가 광범위하게 사용되고 있는데, 이는 자폐성 장애의 범주가 전반적 발달장애, 비전형 자폐증, 아스퍼거 장애 등을 포함하게 되는 추세를 반영하는 것이다(양문봉, 2001).

자폐성 장애를 스펙트럼으로 표현하는 추세는 자폐성 장애가 그 증상적 특성이나 기능수준에서 개인차가 매우 심하다는 것을 의미한다. 즉, 자폐증은 운동, 언어, 인지적 손상 등 광범위한 영역에서 다른 발달장애가 동반되어 나타난다. 운동능력의 손상은 운동 계획하기의 곤란함에서부터 중증의 협동운동장애까지 전 영역에 걸쳐서 나타나며(Hanschu, 1998), 언어능력의 손상 역시 함묵증부터 비전형적인 언어습득이나 언어퇴행에 이르기까지 매우 다양하고(Prizant, 1996), 대다수 자폐 아동들이 정신지체를 동반하는데(Lord, 1996), 각각의 발달상의 차이점은 자폐증에서 관찰되는 상당한 변이성에 기인한다(Quill, 2001, p.2). 자폐증이 동반되는 발달장애의 원인을 밝히고자 했던 연구들은 인지능력, 언어능력, 의사소통, 그리고 사회적 차이가 복잡한 방식으로 얽혀있음을 보여준다. 즉, 사회적이고 감정적인 정보를 종합적으로 결합하여 처리하거나 이해하지 못하는 것이 자폐성의 핵심적 특성이라 할 수 있다(Quill, 2001, p.2).

그러나 자폐성 장애가 의사소통, 사회적 상호작용, 자극에 대한 반응 등에서 지적인 손상을 보인다 할지라도, 이를 직업적 장애로 규정지을 수는 없다(Suomi, Ruble, & Dalrymple, 1993). Smith, Belcher 및 Juhrs (1995)는 중증의 정서·행동 문제를 가진 자폐성 장애인도 일을 할 수 있고 다양한 직업을 가질 수 있으며, 지원고용이 진행되어온 지난 역사가 자폐성 장애인이 고용을 통해 성공적으로 사회에 통합될 수 있음을 검증해 준다고 하였다.

Smith, Belcher 및 Juhrs(1995)는 자폐성 장애인은 언어적 및 비언어적 의사소통 능력의 손상, 사회성의 부족, 감각자극에 대한 특이한 반응, 변화 대처의 어려움, 정신지체 수반, 행동문제, 의례적 행동 및 강박행동, 주의산만과 과제 외 행동 등에서 약점을 보이지만, 뛰어난 시－운동기술이나 특정

기술(숫자나 날짜 계산, 음악연주, 그림그리기, 천체항법이나 스포츠 통계 기억하기, 기차엔진이나 자동차 번호판의 번호 기억하기 등)에서 탁월함을 보이는 등 강점이 있다고 하였다.

Smith, Belcher 및 Juhrs(1995)는 이와 같은 자폐관련 특징이 직업선택 및 발달에 주는 시사를 다음과 같이 제시하고 있다.

첫째, 언어적 및 비언어적 의사소통 능력의 손상에 대해서는 의사소통이 거의 필요치 않은 직업을 선정하거나 직무지도원을 통해 필요한 의사소통 기술을 훈련시키거나 제공해 주는 지원이 필요하다. 둘째, 사회성 부족에 대해서는 사회기술이 많이 필요하지 않은 직업 및 대중과 접촉이 한정된 혼자서 하는 직무를 선정해 주고, 사회화를 도울 수 있는 직무지도원이 배치되어야 하며, 이들을 통해 특정 사회기술 훈련을 제공할 수 있다. 셋째, 감각 자극에 대한 특이한 반응에 대해서는 좋아하는 자극을 제공해 주거나 싫어하는 자극을 피하는 직업을 선정해 줄 필요가 있다. 넷째, 변화 대처의 어려움에 대해서는 매일 거의 변화가 없는 직업을 선정하는 것이 좋고, 변화에 대처할 수 있도록 행동관리 및 감독을 제공하여야 한다. 다섯째, 정신지체 수반에 대해서는 인지능력을 반영하는 직업선정이 필요하고, 필요한 경우에는 직업 기술에 대한 훈련 및 감독을 제공하여야 한다. 여섯째, 행동문제에 대해서는 행동문제를 유발하는 환경이 없거나, 그런 행동문제가 동료들을 위험하게 하거나 직장을 위태롭게 하지 않는 직업을 선정할 필요가 있으며, 행동 프로그램 수행 및 문제행동 관리를 위한 직무지도원의 감독이 필요하다. 일곱째, 의례적 행동 및 강박행동에 대해서는 세부적인 주의 집중을 필요로 하는 직업이나 정확성을 요구하는 직업을 선정해 줄 필요가 있다. 여덟째, 주의산만과 과제 외 행동에 대해서는 과제행동을 증가시키기 위한 행동 프로그램 실시 및 적절한 감독의 제공이 필요하다. 아홉째, 강점으로 작용하는 시-운동 기술에 대해서는 좋은 시-운동 기술을 요구하는 직업을 선정해 줄 수 있으며, 특정영역에서의 뛰어난 기술에 대해서는 그러한 뛰어난 기술 부분이 강조될 수 있는 직업을 선정해 줄 필요가 있다.

이와 같은 시사는 자폐성 장애와 관련된 제반의 특성과 관련해서, 개개인의 약점을 보완해 주고 강점을 극대화시킬 수 있도록 적절한 지원을 제공해 준다면, 자폐성 장애인도 성공적으로 직업생활을 유지할 수 있음을 보여준다.

자폐성 장애인의 직업유지에 영향을 미치는 요인을 추출하기 위하여 자폐성 장애인 고용과 관련된 대표적인 총서들을 살펴보았으며, 이를 통해 분석기준을 도출한 후, 좀더 세부적으로 선행연구를 검토해 보았다.

먼저, Smith, Belcher 및 Juhrs(1995)는 자폐성 장애인의 성공적인 고용을 위한 안내서를 통해서, 자폐성 장애인의 특성에 맞는 직업의 선택과 적절한 지원의 제공(직무지도, 행동관리, 교육절차, 자연발생적인 지원), 실제적 지원을 위한 행정조직 개발의 필요성, 직업 찾기와 유지를 위한 직무 요소와 직장환경 요소에 대한 분석 등을 제안하였다. 그리고 자폐성 장애인의 직업재활에 문제가 될 수 있는 요인으로 행정요인, 고용주요인, 동료요인, 작업자(자폐성 장애인) 요인을 들고 있다. 또한, 인디아나 대학의 자폐 센터에서 발행한 자폐학생을 위한 직업프로그램 안내서에서, Suomi, Ruble 및 Dalrymple(1993)은 자폐성 장애인을 위한 지역사회 고용에서 핵심적인 참여자는 자폐성 장애인 개인, 부모, 교사, 성인 서비스 제공자, 고용주 등이며, 전환과정에서 학교 및 직업재활 기관 간의 협력이 중요함을 강조하고 있다. Dalrymple과 Angrist(1987)는 직무훈련과 직무탐색을 위해 다양한 작업경험을 제공하는 지역사회 작업경험이 중요하다 하였고, 자폐성 장애인이 성공할 수 있는 직무의 특성을 고려하고, 직무수행능력 교수를 위한 효과적인 단서를 제공하는 것이 중요한 성공요인이라고 하였다. 또한 Sitlington, Dalrymple 및 Dewees(1986)는 자폐학생을 위한 직업교육 프로그램으로 기초적 작업행동과 직업적 기술을 교육하는 것이 중요하며, 이를 위한 직업적 사정, 개별 목표에 따른 직업행동 교수가 중요하다고 하였다. 이를 위해 작업행동과 관련된 맥락에서 교수적 변인을 조정해 줄 필요가 있고, 작업환경, 구조 / 일상 / 일정, 재료, 기대 / 강화 등을 조절해 줄 필요가 있음을 강조하고 있다.

이와 같은 연구 결과들은 장애인의 직업유지에 영향을 미치는 요인에 관한 선행연구 검토를 통해 추출한 ① 개인특성 요인 ② 가정환경 요인 ③ 전문가 요인 ④ 직무요인 ⑤ 작업환경 요인 ⑥ 기관 및 프로그램 요인과 그 맥을 같이한다. 다만, 자폐성 장애인의 직업적 성공과 유지를 위해서 효과적인 행동중재전략이나 교수-학습전략이 필요하다는 점이 추가된다고 할 수 있다. 따라서 좀더 세부적인 선행연구 검토를 위하여, 이 여섯 가지 요인을 분석 기준으로 삼아 자폐성 장애인의 직업재활관련 연구를 분석하였으며, 더불어 자폐성 장애인의 직업관련 기술 증진을 위한 중재전략 적용연구를 함께 살펴봄으로써, 자폐성 장애인의 직업유지를 위한 이론적·실천적 시사를 도출하고자 하였다. 이는 이 연구의 목적을 달성하기 위한 기초로서, 자폐성 장애인의 직업유지 요인을 이론적 검토를 통해 확인하는 과정이라 할 수 있다.

2) 자폐성 장애인의 직업재활관련 선행연구

자폐성 장애인의 직업재활과 관련된 선행연구는, 장애인의 직업유지에 영향을 미치는 요인에 관한 선행연구와 자폐성 장애인의 직업관련 총서를 검토한 결과, ① 개인특성 요인 ② 가정 요인 ③ 전문가 요인 ④ 직무요인 ⑤ 작업환경 요인 ⑥ 기관 및 프로그램 요인의 여섯 가지 요인을 그 분석 기준으로 삼았다.

첫째, 자폐성 장애인의 개인특성 요인과 직업재활에 관련된 연구 결과를 살펴보면, 우선, 개인의 강점과 흥미에 대한 사정을 근거로 한 전환 및 직업배치의 중요성을 강조하고 있다(Berkell, 1987; Duran, 1984b; Hurlbutt & Chalmers, 2004; Keel, Mesibov, & Woods, 1997; Lattimore, Parsons, & Reid, 2002; Nuehring & Sitlington, 2003). Hurlbutt와 Chalmers(2004)는 아스퍼거 증후군 성인들을 대상으로 고용경험에 관한 인터뷰를 실시한 결과, 자

페성 장애인은 자신의 능력에 맞는 직업을 찾는 과정에서 가장 큰 곤란을 느낀다고 하였다. Nuehring과 Sitlington(2003)이 보고한 직업서비스 제공기관 세 곳의 전환 프로그램, Keel, Mesibov 및 Woods(1997)의 지원고용서비스 프로그램(TEACCH), Berkell(1987)의 지역사회중심 직업훈련 프로그램(READDY)을 보면, 공통적으로 각 프로그램 실시 초기 단계에서 강조하고 있는 것이 바로 자폐성 장애인에 대한 폭넓은 사정이다. 이는 개인의 직업적 강점과 흥미에 중점을 둔 직무배치, 즉, 충분한 사전 정보를 근거로 한 개인과 직업 환경의 연결(matching)을 강조한 것이다. 예를 들어, Hurlbutt와 Chalmers (2004)는 아스퍼거인이 지도, 미술, 컴퓨터, 전자, 과학, 공학 등의 영역에 강점이 있다고 하였으며, Duran(1984b)은 중증의 자폐 학생들이 사무 직군이나 음식서비스 직군의 직무에 강점을 보인다고 하였다. 이와 관련하여, Lattimore, Parsons 및 Reid(2002)는 자폐성 장애인의 흥미에 초점을 맞춰, 선호 직무에 대한 작업 전 사정 및 직무선호도 사정을 위한 직무연합제시 방법을 제시하기도 하였다.

한편, 국내에서도 자폐성 장애인에 대한 직업평가 영역의 연구 결과들이 보고되었다. 곽승철과 임경원(1999)은 고기능 자폐학생의 직업적성에 관한 연구에서, 16명의 고기능 자폐학생이 개인별로 5개에서 816개까지의 적성직군이 산출되었음을 보고한 바 있으며, 황의관(2000)은 31명의 자폐학생을 대상으로 한 직업흥미에 관한 연구를 통해, 성별과 과정에 따라 직업흥미 영역에 다소의 차이는 있으나 다양한 직업흥미를 나타냈다고 하였다. 또한, 이상진(2000)은 작업표본(Vocational Interest, Temperament, and Aptitude System: VITAS)과 전환기 발달장애 청소년의 진로 의사결정 연구를 통해서, 발달장애 청소년의 진로 의사결정 수준은 성별이나 장애유형에 관계없이 작업표본 평가에 참여함으로써 향상된 것으로 나타났음을 보고하였다. 또한 발달장애 청소년들은 손으로 취급하는 기능, 분류, 검사, 측정 및 관련기능에 중간 수준 이상의 직업적성을 가지고 있어 형태지각, 공간지각, 눈과 손의 협응력, 색 변별, 손가락 기민성, 손 기민성을 요구하는 직업이 적합하다고 하였다.

그리고 직업흥미 면접에서 대부분의 발달장애 청소년들이 흥미 있다고 응답한 직업영역은 고정적이고 구체적이며 조직화된 성격의 활동, 물건과 사물을 다루는 활동, 비사회적인 성격의 어떤 과정이나 기계, 기법과 관련하여 수행되는 활동이었다.

다음으로, 자폐성 장애인의 의사소통 문제·사회적 기술결함·감각적 문제·의례적 행동·문제행동 등 장애관련 특성이 직업세계로의 진입과 직업유지에 영향을 미침을 알 수 있다(Burt, Fuller, & Lewis, 1991; Howlin & Mawhood, 1999; Hurlbutt & Chalmers, 2004; McClannahan, MacDuff, & Krantz, 2002; Nesbitt, 2000). Hurlbutt와 Chalmers (2004)는 아스퍼거인이 직무과제보다는 의사소통, 사회적 기술결함, 감각적 문제 등으로 인해 직업유지가 곤란했음을 밝혔다. McClannahan, MacDuff 및 Krantz(2002)는 15명의 자폐성 장애인을 대상으로 한 15~25년간의 종단적 발달연구에서, 고용을 유지하지 못한 4명의 직업유지 실패 이유로 낮은 생산율, 공격성, 자해행동, 심각한 건강문제를 들었다. Nesbitt(2000)는 지원고용 프로젝트를 실시한 사업체와 실시하지 않은 사업체를 대상으로 한 조사연구에서, 자폐성 장애인의 직무능력보다는 행동적 특성에서 양 집단이 유의미한 차이를 보였으며, 직장적응능력과 사회적 상호작용능력이 중요하다고 하였다. Howlin과 Mawhood(1999)는 사회적 이해의 결함, 동료 근로자의 사적 공간 침해, 언어의 과다사용과 침묵, 관리자 의존도, 시간 엄수기술 부족, 정서적 불안, 경직성과 느림, 부적절한 옷차림 등의 개인적 습관이 직장 적응에 방해요소가 된다고 하였다. Burt, Fuller 및 Lewis(1991)는 4개월 동안의 직업훈련 프로그램에 참여한 자폐성 장애인 4명을 대상으로 한 연구에서, 직업적 성공과 관련된 개인적 특성으로 의사소통 및 대인관계 기술 달성정도, 행동통제능력, 직장 통합능력을 제시하였으며, 실패관련 개인특성으로는 일에 대한 동기부족, 자기결정능력 및 문제해결능력의 부재, 융통성의 결여, 작업속도의 저하, 유분증 등을 보고하였다.

둘째, 자폐성 장애인의 가정관련 요인과 직업에 관한 연구 결과를 살펴보면, 우선, 자폐성 장애인의 성인기 결과로써 독립적 주거생활과 결혼 및 가정 생활에 관련된 정보가 제시되어 있다(Engstrom, Ekstrom, & Emilsson, 2003; Howlin, 2000). Engstrom, Ekstrom 및 Emilsson(2003)은 스웨덴의 아스퍼거 및 고기능 자폐성인 집단의 심리사회적 기능에 관한 연구에서, 16명의 대상 대부분이 독립적인 주거생활을 하고 있고, 결혼을 했거나 자녀가 있는 사람은 없었으며, 일부만이 연인이 있는 것으로 보고하였다. Howlin(2000)은 아스퍼거 및 고기능 자폐성 장애인의 성인기 결과를 제시한 6편의 문헌에 대한 분석을 통해서, 독립적 주거비율이 16~50%로 다양하며, 소수만이 결혼 등의 가정생활을 영위하고 있다고 하였다. 또한, 이 두 가지 연구 결과는 자폐성 장애인이 가족에게 지나치게 의존적이고, 이들의 가정생활을 지원해 줄 수 있는 시스템이 부족하기 때문에, 광범위하고 지속적인 가족의 지원이 필요함을 강조하고 있었다. 독립적 주거나 가정생활, 가족에 대한 의존도 등이 직업적 성취와 유지에 미치는 영향을 고려한다면, 이 분야는 전환 및 직업관련 서비스를 제공함에 있어 중요하게 다루어져야 할 영역이라 할 수 있다.

다음으로, 가족이나 보호자의 참여 및 이들에 대한 지원은 자폐성 장애인의 전환 및 직업재활 과정에서 필수적인 구성요소임을 알 수 있다(Berkell, 1987; Burt, Fuller, & Lewis, 1991; Duran, 1984b; Keel, Mesibov, & Woods, 1997; Luce & Dyer, 1995; Richard, 1994). 이를 참여 측면에서 살펴보면, 가족이나 보호자는 ① 정보제공자(Burt, Fuller, & Lewis, 1991) ② 교육적 결정권자(Berkell, 1987; Duran, 1984b; Richard, 1994) ③ 프로그램 운영의 동반자 및 평가자(Duran, 1984b) 역할을 담당하게 된다. 그리고 지원 측면에서 보면, 가족이나 보호자에 대한 밀접한 연계와 지속적인 지원이 제공되어야 하며(Keel, Mesibov, & Woods, 1997), 법률·건강·레크리에이션·단기보호 등 지역사회 관련서비스 이용에 관한 정보와 자녀의 권리 옹호에 관한 교육을 제공할 필요가 있다고 하였다(Richard, 1994). 마지막으로, 교육 측면에서 보면, 가족이나 보호자에게 문제행동이나 의사소통에 대한 각종 교수전략을 교육할 필요가 있다. 이를 통해, 학교나 기관뿐만 아니라 자연스럽고 다양한

환경에서 교수기회를 제공할 수 있고, 프로그램 진행 이외의 시간에도 일관성 있고 풍부한 교육을 제공할 수 있어, 중재효과 및 기술습득의 일반화를 증진시킬 수 있다는 것이다(Burt, Fuller, & Lewis, 1991; Duran, 1984b; Luce & Dyer, 1995).

셋째, 전문가 요인과 관련된 연구를 살펴보면, 자폐성 장애인의 직업재활을 위해서는 전문가의 배치가 매우 중요한 요소임을 밝히고 있으며, 관련 전문가의 역할과 그들이 갖추어야 할 요건을 제시하고 있다(Berkell, 1987; Burt, Fuller, & Lewis, 1991; Howlin & Mawhood, 1999; Hurlbutt & Chalmers, 2004; Keel, Mesibov, & Woods, 1997; Nuehring & Sitlington, 2003).

먼저, 전문가 배치의 중요성을 강조한 연구 결과를 보면, 아스퍼거인에게 적합한 직무를 찾아 연결시켜 줄 수 있는 직무연결 전문가가 필요하고(Hurlbutt & Chalmers, 2004), 자폐성 장애인의 전환과정에서 전환 전문가를 고용하는 것이 중요한 관건이 되며(Nuehring & Sitlington, 2003), 지원고용 서비스의 세 가지 모델인 개별배치 모델, 이동작업반 모델, 현장기업모델 모두에서 직무지도원이 핵심적인 역할을 담당하게 된다(Howlin & Mawhood, 1999; Keel, Mesibov, & Woods, 1997)는 것을 알 수 있다.

또한, 전환 및 직업재활의 과정적 측면에서 볼 때, 성공적인 직업세계로의 진입과 직업유지를 위해서는 교사나 직무지도원의 지속적인 직무관련 지원 서비스가 제공되어야 하며(Hurlbutt & Chalmers, 2004), 직무지도원에 의한 포괄적인 사후지도 서비스가 절실히 요구된다고 하였다(Burt, Fuller, & Lewis, 1991). 즉, 자폐성 장애인의 직업재활 과정에서 전문가들은 ① 자폐성 장애인의 강점과 흥미·약점과 사전 경험 등에 관한 정보 수집을 토대로 각 개인에게 적합한 직업을 연결해 주는 역할, ② 자폐성 장애인·가족·주거서비스 제공자·학교 교직원 등에게 전환에 필요한 절차와 정보를 제공해 주는 역할, ③ 자폐성 장애인에게 개별화된 훈련과 중재를 제공해 주는 역할, ④ 면접과정에서부터 견습기간과 초기 직장 적응 및 사후지도에 이르기까지 지속적인 지원을 제공하는 역할, ⑤ 고용주와 동료근로자들에게 장애에 대한 정보와 중재전략을 안내해 주는 역할 등을 담당하게 된다고 하였다(Howlin & Mawhood, 1999; Keel, Mesibov, & Woods, 1997; Nuehring & Sitlington, 2003).

이를 위해, Nuehring과 Sitlington(2003)은 고등학교 교사 및 성인직업서비스 제공기관의 직원들에게 전환 및 직업재활 과정과 장애에 대한 이해는 물론, 그들의 역할에 관한 교육을 제공해야 한다고 하였다. 한편, Burt, Fuller 및 Lewis(1991)는 전문가들이 자폐성 장애인·가족·학교·직업재활기관·고용주·동료근로자·지역사회 관련 자원 등과 밀접한 연계를 통해 서비스를 제공하게 되기 때문에, 자폐성 장애인의 직업적 성공을 위해서는 이들의 헌신성과 열정, 그리고 고도의 업무수행능력이 요구된다고 하였다.

넷째, 직무관련 요인에 관한 연구 결과를 살펴보면, 자폐성 장애인이 성공적으로 직업을 유지하고 있는 직종이나 지역사회 직업훈련 프로그램을 통해서 경험한 직무가 보고되었으며, 자폐성 장애인에게 적합한 직무의 특성과 그에 따른 직무수정 방법을 제시해 주고 있다.

먼저, 자폐성 장애인이 성공적으로 직업을 유지하고 있는 직종을 보면, Howlin(2000)은 문헌연구를 통해서 회계원, 실험실 기술자, 기상학자, 접시닦이, 선반 적재원(Kanner, 1973), 천문학교수, 수학자, 공학자, 화학자, 고위공무원, 문장학전문가(Asperger, 1944), 빌딩관리인, 택시 운전사, 도서관보조, 천공기 조작공(Rumsey et al., 1985), 도서관, 물리학조교, 세일즈맨, 공장근로자(Szatmari et al., 1989), 절단공, 도자기도장공, 유치원교사(Larsen & Mouridsen, 1997) 등의 직종을 제시하고 있다. 또한, 호텔관리인, 호텔잡부, 세탁소 근로자, 자료입력 사무원(McClannahan, MacDuff, & Krantz, 2002), 관리 / 사무직, 컴퓨터작업, 사진작업실, 영업지원, 창고 / 공장, 우체부 / 배달부, 정원사(Howlin & Mawhood, 1999), 사무직, 음식서비스, 보관, 재고관리, 실험실보조, 제조업(Keel, Mesibov, & Woods, 1997), 사무직, 세탁소 근로자(Burt, Fuller, & Lewis, 1991) 등의 직종이 제시되었다. 또한, Smith, Belcher 및 Juhrs(1995)는 자폐성 장애인에게 적합한 직업 분야로 제조 분야, 판매 분야, 인쇄 및 대량 우편물 취급 분야, 음식서비스 분야, 물류창고 분야, 재활용 및 배달 분야, 정부기관의 직업 등을 제시한 바 있다.

Suomi, Ruble 및 Dalrymple(1993)은 자폐성 장애인이 성공적으로 수행한 직무로 식탁 치우기, 세척기에서 식기 꺼내기, 식기류 치우기, 나무, 박스, 캔, 종이 등을 쌓기, 선반에 캔 놓기, 창고의 적절한 장소에 물건 놓기, 정확히 잴 수 있는 도구를 이용해서 식물에 물주기, 식탁에 의자 배치하기나 접이의자 펼쳐놓기, 공연장이나 극장의 의자 뒷면 닦기, 쟁반 닦기나 쟁반 쌓기, 우유나 기타 물건 배달하기, 접시 헹구기와 선반에 얹기, 냅킨으로 은그릇 싸기, 팝콘기계 들여놓기, 템플릿(피복지)을 이용해서 봉투에 라벨 붙이기, 우편물용 전단지 접기, 봉투에 집어넣기, 쓰레기 비우기, 포장하기, 도서관의 책 먼지 털기, 버스나 자동차 청소, 혹은 버스나 자동차의 부분 청소, 식탁 차리기, 재떨이 비우기, 의류나 기타 물건 정렬하기, 두 개에서 네 개 정도의 부품 조립하기, 세탁물 접기나 치우기, 박스에 상징 스텐실하기 등을 제시하였다.

한편, 직업훈련 프로그램이 진행된 지역사회 직무현장으로는 주방관련 직무, 정원유지관리, 호텔관리, 데이터 입력, 제품조립, 세탁 직무, 서류철 / 순서 맞추기, 제품수령(McClannahan, MacDuff, & Krantz, 2002), 슈퍼마켓, 병원, 원예 기관, 레스토랑 / 음식서비스, 호텔, 농장, 도서관, 교육청, 청소년 기관, 노인시설, 공장 환경(Berkell, 1985), 사무직, 음식서비스직(Duran, 1984b) 등이 제시되었다.

이처럼 자폐성 장애인이 성공적으로 직업을 유지하고 있거나 지역사회 직업훈련에 사용된 지 현장들은 1차 산업에서 3차 산업에 이르기까지 광범위하게 분포되어 있으며, 직무 또한 단순 노무에서부터 전문직까지 그 영역이 매우 넓었다.

다음으로, 자폐성 장애인에게 적합한 직무의 특성과 그에 따른 직무수정 방법을 살펴보면, 첫째, 직무의 예측 가능성과 변화에 대한 명확한 설명이 필요함을 알 수 있다. 자폐성 장애인은 보통 일상에서 발생하는 변화에 어려움을 느끼고 저항을 표출하기 때문에, 구조화되고, 순서가 있으며, 일상화(Routine)

되어 있는 직무를 제공해야 그 성공가능성이 높아진다고 한다. 또한, 변화가 발생할 경우에는 이에 대한 명확한 설명이 제공되어야 함을 강조하고 있다(Duran, 1984b; Hurlbutt & Chalmers, 2004; Keel, Mesibov, & Woods, 1997). 둘째, 다양한 전환이 요구되는 직무과제에 곤란함을 느끼므로, 직무과제를 단계별로 세분화하고 구체적인 피드백을 제공할 필요가 있으며, 직무수행에서의 규칙과 작업할당량을 명확하게 제시할 필요가 있다고 하였다(Howlin & Mawhood, 1999; Hurlbutt & Chalmers, 2004; McClannahan, MacDuff, & Krantz, 2002; Keel, Mesibov, & Woods, 1997). 셋째, 자폐성 장애인은 흔히 감각적 문제를 지니고 있기 때문에, 환경적 자극에 의해 혼란스러워질 수 있으므로, 개인적인 요구를 사정하여 산만하지 않은 작업구역을 지정해 준다거나, 자극적 요소를 제거해 주는 방법으로 직무 수행 환경을 수정해 줄 필요가 있다고 하였다(Keel, Mesibov, & Woods, 1997). 한편, Burt, Fuller 및 Lewis(1991)는 직무가 문제해결 기능, 융통성, 의사결정, 우선순위 결정기술 등을 요구하지 않을 때 성공 가능성이 높아지며, 직무의 요구사항이 상반적일 경우(예, 입식작업과 좌식작업, 고정된 일정과 융통성 있는 일정)에 그 성공가능성이 높아진다고 하였다.

다섯째, 작업환경 요인과 자폐성 장애인의 직업재활에 관련된 연구 결과를 살펴보면, 동료 및 고용주의 자폐성 장애인에 대한 태도가 매우 중요한 변수로 작용하며(Duran, 1987; Keel, Mesibov, & Woods, 1997), 이에 따라 동료 및 고용주에게 장애인 및 관련 사업에 대한 정보제공과 교육, 직업현장에서 자폐성 장애인을 지원해 줄 수 있는 중재전략에 대한 교육 및 밀접한 지원서비스가 제공되어야 함을 알 수 있다(Berkell, 1985; Berkell, 1987; Burt, Fuller, & Lewis, 1991; Duran, 1987; Howlin & Mawhood, 1999; Hurlbutt & Chalmers, 2004; Keel, Mesibov, & Woods, 1997; Nesbitt, 2000; Richard, 1994). 또한, 지역사회에 위치한 직업 환경은 자폐성 장애인을 위한 훌륭한 일반화 교육장이 될 수 있으며, 직장에서의 현장 훈련이 자폐성 장애인의 문제행동 감소와 작업수행능력 증진을 가능하게 한다는 것을 확인할 수 있다(Berkell, 1985; Berkell, 1987; Burt, Fuller, & Lewis, 1991; Duran,

1984b; Luce & Dyer, 1995;).

여섯째, 기관 및 프로그램 요인과 자폐성 장애인의 직업재활에 대한 연구 결과를 살펴보면, 우선, 학교, 직업재활기관, 가정, 정부 및 지방자치 단체, 지역사회 관련 서비스 기관 간의 연계 체제를 구축할 필요가 있음이 확인되었다. 이는 ① 초기 사정, ② 직무배치, ③ 훈련장 및 지역사회 현장에서의 직무훈련, ④ 직장 적응 및 지역사회 이용, ⑤ 문제행동 중재 및 작업수행능력 증진, ⑥ 프로그램 평가와 지속적인 동반자 관계의 구축 등, 전반적인 프로그램 운영에 있어서 매우 중요한 요인이 되기 때문에, 성공적인 전환 및 직업관련 프로그램의 운영을 위해서는 각 기관과 주체들이 충분히 정보를 교환하고 연계 프로그램을 운영할 필요가 있다는 것이다(Berkell, 1985; Berkell, 1987; Duran, 1984b; Duran, 1987; Nesbitt, 2000; Nuehring & Sitlington, 2003; Keel, Mesibov, & Woods, 1997). 다음으로, 성공적인 프로그램 운영을 위해서 학교 및 직업재활기관의 조직 재구조화 노력이 필요함을 알 수 있다. 즉, 학교 및 직업재활기관의 조직 정비를 통해서, 전환을 위한 체계적인 지원을 제공하고 독립성을 증진시키며, 기본적인 전환 및 직업관련 기술을 습득할 수 있도록 준비시켜야 한다는 것이다(Luce & Dyer, 1995; Richard, 1994).

이상에서 살펴본 자폐성 장애인의 직업재활관련 연구 결과를 요약하면, 첫째, 개인특성 요인에서는 ① 자폐성 장애인의 적성·흥미·강점·약점 등에 대한 폭넓은 사정의 필요성, ② 자폐관련 특성인 의사소통문제·사회적 기술 결함·감각적 문제·의례적 행동·문제행동에 대한 중재의 필요성이 제시되었다. 둘째, 가정환경 요인에서는 ① 자폐성 장애인의 독립적 주거 및 가정생활에 대한 지원서비스의 필요성, ② 가족이나 보호자의 전환과정 참여 촉진, 중재전략 및 관련정보에 관한 교육, 지속적인 연계와 지원서비스 제공의 필요성이 제시되었다. 셋째, 전문가 요인에서는 ① 전환전문가 및 직무지도원 배치의 필요성, ② 학교 교사 및 직업재활 서비스 전문가에 대한 교육의 필요성이 제시되었다. 넷째, 직무요인에서는 ① 자폐성 장애인이 성공적으로 직업을 유지하고 있는 직무와 지역사회에서 교육훈련을 받을 수 있는 직무에 대한 제시, ② 자폐성 장애인에게 적합한 직무의 특성과 그에 따른 직무수정 방법이 제시되었다. 다섯째, 작업환경 요인에서는 ① 동료 및 고용주에게 자폐성 장애인에 대한 정보를 제공하고 관리전략을 교육할 필요성, ② 지역사회 직업현장에서의 직무훈련이 지니는 장점 등이 제시되었다. 여섯째, 기관 및 프로그램 요인에서는 ① 관련기관 간의 연계 체제 구축의 필요성, ② 학교 및 직업재활 서비스 기관의 재구조화 필요성 등이 제시되었다.

3) 자폐성 장애인의 직업관련 기술 증진을 위한 중재전략 연구

자폐성 장애인의 직업재활관련 선행연구를 검토한 결과, 자폐성 장애인의 직업유지에 필요한 다양한 요인과 함께, 자폐성 장애인이 직업을 획득하고 유지하기 위해서는 자폐성 장애인에게 적절한 중재전략을 적용하여 문제행동을 감소시키고 작업관련 기술을 증진시켜야 함을 알 수 있었다. 이에 따라 자폐성 장애인의 직업관련 기술 증진을 시키기 위해 중재전략을 적용하고 그 효과를 검증한 연구 결과를 살펴볼 필요가 있다.

Reichle 등(2005)은 조건적 지원요구하기 전략이 독립적 과제수행에 미치는 효과에 관한 연구를 실시하였는데, 40세의 중도 자폐성 장애인의 문제행동이 회피 기능을 지니고 있음을 파악하고, 행동 간 중다기초선 설계를 이용한 지원요구 그림상징의사소통교수법을 적용한 결과, 지원을 요구하는 비율은 점차 감소하고, 독립적인 과제수행(파이프 조립)은 증가했음을 보고하였다. 또한, 사후분석을 실시한 결과 과제수행속도가 빨라졌음을 보고하였다.

Foley와 Staples(2003)는 5명의 중도 자폐성 장애인을 대상으로 지원고용 환경에서 통합적인 보완대체 의사소통과 문자교육을 실시한 사례연구를 통해서, 성인기에도 의사소통 능력과 문자기술을 증진시킬 수 있음을 보여주었다. 이들은 지역사회와 직업현장의 자연스러운 환경에서 보완대체의사소통 수단의 활용능력이 증진되었고, 이러한 자연스러운 환경에 관련된 주제를 통해 학습하였으며, 이를 통해 지역사회 접근성과 독립성은 물론 직업적 준비도가 증진될 수 있음을 보여주었다.

Kemp와 Carr(1995)는 지역사회 고용환경에서 가설중심의 중다구성요소 중재접근방법을 사용하여 중증의 문제행동을 감소시킬 수 있음을 보고한 바 있다. 가설중심의 중다구성요소란 래포형성, 선택기회제공, 요구사항 삽입, 기능적 의사소통훈련, 강화지연에 대한 인내력증진 훈련 등의 5단계의 중재 전략을 사용했음을 의미한다. 이 연구에서는 세 명의 중도 자폐성 장애인에 대한 개별적 평가를 토대로 문제행동의 기능을 평가하고 그에 따른 중재시나리오를 구성하였으며, 대상자 간 중다기초선 설계를 통하여 문제행동을 감소시키고 작업과제 수행률을 증진시켰음을 제시하고 있다.

Quinn과 Swaggart(1994)는 자폐성 장애인을 대상으로 한 인지적 행동관리 프로그램을 적용한 10편의 선행연구에 대한 문헌연구를 통해서, 자기관리 전략이 사회적·직업적 기술의 독립성을 가르치고 모니터하는 데 효과적임을 입증하고 있다고 하였다. 이 10편의 선행연구는 특정작업장이나 지역사회환경에서 중재를 적용하였고, 사회적 기술의 증진과 문제행동의 감소 및 직업적 기술이 증진될 수 있음을 검증하였으며, 인지적 행동수정의 가장 큰 장점이 독립성 증진에 있음을 밝히고 있다.

Halle, Schloss 및 Schloss(1989)는 기준변동설계를 이용한 유관강화전략을 통해 자폐성 장애인의 작업과제 수행률을 증진시킬 수 있음을 보고하였다. 이 연구는 자폐성 장애인의 기술 습득뿐만 아니라 생산율이 중요함을 강조하면서 점진적으로 기준을 변동해 주는 기준변동설계가 작업생산율과 작업수행 지속시간을 동시에 증가시킨다는 것을 증명하였다.

Smith와 Coleman(1986)은 현장직무훈련을 통해 자폐성 장애인의 문제행동을 감소시키고 생산율을 향상시키고자, 기능분석을 통한 지원요구하기 교수와 반응대가, 보고카드사용과 자기평가, 토큰체계와 차별강화 등의 기법을 적용하였다. 그 결과, 두 명의 자폐성 장애인은 울화행동과 문제행동(공격성)이 감소하였고, 나머지 한명은 작업생산율이 증가되었음을 보고하였다.

Duran(1985)은 언어 및 모델링, 언어 및 신체, 언어의 삼단계 촉진법을 이용하여 화장실 관리기술의 수행을 교수한 결과, 세 명의 자폐학생이 촉진 없이도 18단계의 화장실관리과제에 대한 정반응률이 증가하였음을 보여주었다.

Breen, Haring, Pitt-Conway 및 Gaylord-Ross(1985)는 체계적 촉진과 강화 전략을 사용하여 직무현장에서 비장애 동료와의 사회적 상호작용을 증진시키는 연구를 수행하였는데, 네 명의 중도 자폐학생에게 간접적 언어촉진, 직접적 언어촉진, 몸짓, 부분적 신체촉진, 전체적 신체촉진 등의 체계적 촉진 전략과 강화전략을 사용하여 독립적 과제수행률과 휴식시간의 사회적 상호작용 기술이 증가하였음을 보고하였다. 이 연구는 대상자 간 중다기초선 설계를 통해, 중도 자폐성 장애인들도 직장의 휴식장면에서 대화하는 방법을 성공적으로 배울 수 있고, 비장애 동료 근로자와의 사회적 상호작용을 증진시킬 수 있음을 보여주고 있다.

또한, Duran(1984a)은 두 명의 중도 자폐학생을 대상으로 비보호적 직업훈련장에서의 직업기술교수에 사용된 중재전략의 효과를 검증하였다. 각 대상의 방해 행동을 중재하기 위해서 음식 강화물을 이용한 정적 강화전략과 작업참여를 위한 효과적 단서를 제시하였으며, 그 결과 학생들의 문제행동이 감소하고 작업생산율이 증가하였음을 보고하였다.

이상의 선행연구에서는, 독립변인으로 문제행동중재, 의사소통중재, 촉진 등의 전략이 투입되었으며, 다양한 강화전략이 폭넓게 사용되었다. 또한, 종속변인으로 보면, 자폐성 장애인의 직업관련 기술 습득 및 생산성 향상, 문제행동 감소, 사회적 기술 증진, 의사소통능력 향상 등이 목표행동으로 설정되었다. 대상의 장애정도는 대부분 정신지체를 동반한 중도 자폐성 장애인, 성별은 남성, 연령대는 성인이 많았다. 중재기간은 회기별로는 40회기에서 120회기, 주나 개월 수로는 5개월에서 2년 내외에 걸쳐 이루어졌고, 연구 환경은 대부분 직업현장에서 진행되었다.

한편, 국내에서 보고된 자폐성 장애인의 직업관련 기술 증진에 관련된 연구로는 생활중심 전환교육이 자폐학생의 직업적응태도에 미치는 영향에 관한 연구(정운용, 2004), 사진단서를 이용한 중재가 자폐 중학생의 직업기술에 미치는 효과(조미숙, 2004), 사진을 이용한 최소촉진법이 중도장애 학생의 직업기술 습득에 미치는 효과(장나영, 2001), 비디오 교수를 통한 자폐 중학생의 교내 신문 배달하기 기술 습득에 관한 연구(이경희, 2001) 등이 있다.

이상에서 살펴본 바와 같이, 중재전략에 관한 선행연구들은 자폐성 장애인 개개인에 맞게 문제행동중재, 의사소통중재, 촉진 전략 등을 효과적인 강화전략과 함께 적용하면, 작업 방해 행동이 감소되고, 직장적응능력이 향상되며, 작업관련 수행기술이 증진될 수 있음을 보여주고 있다.

4) 연구 변인의 선정

앞서 살펴본 바와 같이, 장애인의 직업유지에 영향을 미치는 요인은 크게 ① 개인적 요인 ② 가정환경 요인 ③ 직무관련 요인 ④ 작업환경 요인 ⑤ 전문가 요인 ⑥ 기관 및 프로그램 요인 ⑦ 사회적 환경요인으로 범주화할 수 있었다. 이는 모든 장애 영역에서 직업유지에 영향을 미치는 핵심적인 요인이라 할 수 있다. 다만, 장애영역별로 보았을 때, 지체장애인은 직무관련 요인과 작업환경 관련 요인, 정신장애인은 기관 및 프로그램 요인과 사회적 환경요인, 정신지체인은 개인적 요인과 가정관련 요인이 타 장애 영역에 비해서 상대적으로 중요한 영향을 미치는 것으로 분석할 수 있었다.

자폐성 장애인의 직업재활관련 선행연구 검토에서는 ① 개인특성 요인 ② 가정환경 요인 ③ 전문가 요인 ④ 직무관련 요인 ⑤ 작업환경 요인 ⑥ 기관 및 프로그램 요인을 그 분석 기준으로 삼았다. 여섯 가지 요인을 분석 기준으로 삼은 것은 장애인의 직업유지에 영향을 미치는 일곱 가지 요인 중 사회적 환경요인을 제외한 것인데, 장애인의 직업유지 요인에 관한 선행연구 검토에서 나타난 사회적 환경요인은 사회적 낙인이나 지지 및 물리적 환경의 개선과 같은 요소들로 이루어져 다소 정신장애인이나 지체장애인에 초점을 둔 측면이 컸기 때문이다. 실제로 자폐성 장애인의 직업재활관련 연구에서는 이러한 심리적·물리적 측면에서의 사회적 환경요인을 별도의 요인으로 보기보다는, 기관 및 프로그램 요인에 포함시켜 지원고용이나 지역사회 직업 프로그램의 일환으로 다루고 있었기 때문에, 별도로 사회적 환경요인을 다루지 않아도 충분히 그 내용을 담보할 수 있다고 판단하였다.

여섯 가지 직업유지 요인 중, 이 연구에서 변인으로 삼고자 하는 요인은 크게 자폐성 장애인의 개인특성 요인과 가정환경 관련 요인 및 작업환경 요인으로 제한하고자 하며, 그 이유는 다음과 같다.

자폐성 장애인의 직업재활관련 연구에 대한 검토 결과, 개인특성 요인에서는 ① 자폐성 장애인의 적성·흥미·강점·약점 등에 대한 폭넓은 사정의 필요성, ② 자폐관련 특성인 의사소통문제·사회적 기술 결함·감각적 문제·의례적 행동·문제행동에 대한 중재의 필요성이 제시되었다. 자폐성 장애인에 대한 사정은 적성과 흥미에 대한 정보는 물론, 자폐성 장애인의 현재 기능수준 및 태도에 대한 정보가 주요한 판단 준거가 된다. 따라서 자폐성 장애인의 일에 대한 태도 척도인 일에 대한 가치와, 각 생활 영역에서 독립적으로 생활하는 능력을 의미하는 일반적인 기능 수준, 업무 수행능력을 알아보기 위한 작업기능 수준을 변인으로 삼았다. 그러나 각종 중재전략에 관한 내용은 이 연구의 변인에서 제외하였다. 그 이유는 이 연구가 이미 직업생활을 성공적으로 유지하고 있는 자폐성 장애인을 대상으로 한다는 점, 또한, 중재전략에 관한 요인은 이 연구에서 다루기보다 별도의 직업적 중재전략 연구를 통해 제시할 필요가 있다고 판단했기 때문이다.

또한, 장애인의 직업유지 요인에 관한 연구에서 일반적으로 변인으로 선정하고 있는 성별·연령·학력·주거형태·장애유형·장애등급 등의 인구학적 변인 역시 제외하였다. 이는 우선, 이 연구의 목적이 직업유지 기간을 종속변인으로 삼고 그에 미치는 변인들의 영향을 알아보는 연구가 아니라, 이미 직업유지를 잘하고 있는 자폐성 장애인들을 대상으로 하여 직업유지에 영향을 미친 요인을 알아봄으로써 교육적 시사를 얻고자 하는 데 있기 때문이다. 또한, 연구 대상자에 대한 사전조사 결과 대상자들이 인구사회학적 변인에서 거의 동질성을 지니고 있어 변인에서 제외하였다.

다음으로, 가정환경 요인에서는 ① 자폐성 장애인의 독립적 주거 및 가정생활에 대한 지원서비스의 필요성, ② 가족이나 보호자의 전환과정 참여 촉진, 중재전략 및 관련정보에 관한 교육, 지속적인 연계와 지원서비스 제공의 필요성이 제시되었다. 이 연구에서는 주거나 가정생활 서비스 측면보다는 가족의 참여 촉진과 가족에 대한 교육 및 지속적인 연계와 지원서비스를 위해 시사를 얻는 데 중점을 두고 있다. 이에 따라, 현재 직업생활을 영위하고 있는 자폐성 장애인의 가족이 얼마나 가족적 기능이 높은지를 알아보기 위한 가족기능과 부모의 일에 대한 태도를 가늠할 수 있는 부모의 일에 대한 가치를 변인으로 선정하였다.

셋째, 작업환경 요인에서는 ① 동료 및 고용주에게 자폐성 장애인에 대한 정보를 제공하고 관리전략을 교육할 필요성, ② 지역사회 직업현장에서의 직무훈련이 지니는 장점 등이 제시되었다. 그러나 이 연구의 대상은 이미 직업을 유지하고 있는 자폐성 장애인인 점을 감안하여 후자의 내용을 배제하였으며, 전자에서 나타난 동료 및 고용주에 대한 현실적 시사를 얻기 위하여, 현재의 작업환경에서 동료 및 고용주의 지지 정도를 알아보는 것이 중요하다고 여겨져 독립변인으로 선정하였다.

또한, 전문가 요인에서는 ① 전환전문가 및 직무지도원 배치의 필요성, ② 학교 교사 및 직업재활 서비스 전문가에 대한 교육의 필요성이 제시되었는데, 이는 우리나라 현실에서 이미 정서장애학교 취업담당교사들이 전환전문가이자 직무지도원의 역할을 충분히 소화해내고 있는 현실을 감안하여 동질적 요소로 판단, 변인에서 제외하였다.

직무요인에서는 ① 자폐성 장애인이 성공적으로 직업을 유지하고 있는 직무와 지역사회에서 교육훈련을 받을 수 있는 직무에 대한 제시, ② 자폐성 장애인에게 적합한 직무의 특성과 그에 따른 직무수정 방법이 제시되었다. 자폐성 장애인에게 적합한 직무는 이론적 검토를 통해 제시한 바 있고, 이 연구의 목적이 적합 직무를 파악하는 데 있지 않으며, 이미 직업생활을 유지하고 있는 자폐성 장애인을 대상으로 한 연구에서 직무라는 변인은 이미 고정적이므로, 직무요인은 제외하였다. 즉, 실제 직업생활을 영위하고 있는 자폐성 장애인의 모집단 수가 적고, 직무 역시 매우 제한적인 현실을 반영하여, 그 동질성을 근거로 변인에서 제외하였다. 또한, 직무수정은 직업유지 과정에서 이미 학교 교사와 작업현장의 고용주 및 동료를 통해 충분히 이루어진 상태라 파악하여 제외하였다.

기관 및 프로그램 요인에서는 ① 관련기관 간의 연계 체제 구축의 필요성, ② 학교 및 직업재활 서비스 기관의 재구조화 필요성 등을 제시되었는데, 연구 대상이 거의 대부분 정서장애학교 졸업생으로서 학교 교육 프로그램 이후 곧바로 직업의 세계에 진입하는 동일한 과정을 거쳤고, 복지관이나 장애인고용촉진공단과의 연계를 기반으로 직업생활을 유지하게 되었다는 현실적 동질성을 감안하여 변인에서 제외하였다.

이에 따라 이 연구에서는 선행연구를 근거로 자폐성 장애인의 직업유지에 영향을 미치는 요인으로 자폐성 장애인의 개인특성 요인과 가정환경 관련 요인 및 작업환경 요인을 독립변인으로 삼았으며, 이를 하위 요인으로 나누어, 개인특성 요인은 자폐성 장애인의 일에 대한 가치, 일반적 기능수준, 작업기능 수준, 가정환경 요인은 가족기능과 부모의 일에 대한 가치, 작업환경 요인은 고용주 및 동료의 지지를 연구의 변인으로 삼았다. 또한, 종속변인인 직업유지는 고용주 만족도를 판단의 근거로 삼았다. 고용주 만족도를 직업유지의 판단 근거로 삼은 이유는 앞서 직업적 성공요인에 관한 선행연구 검토에서 제시한 바와 같이, 자폐성 장애인 스스로의 직무 만족도 표출이 어렵기 때문에, 고용주 입장에서 자폐성 장애인을 고용해서 얻는 만족도가 지속적인 직업생활유지의 판단 근거가 될 수 있기 때문이다.

한편, 이 연구에서는 현재 직업생활을 영위하고 있는 자폐성 장애인 모집단의 수가 매우 제한적인 점을 감안하여 연구방법상 양적 접근과 질적 접근을 함께 사용하였는데, 이에 대한 이론적 배경을 제시하기 위하여 특수교육 및 직업재활 연구의 최근 동향을 살펴보았다.

3.

직업유지 요인 연구를 위한 통합적 연구방법

일반적으로 교육학 분야에서 많이 사용되는 연구방법은 크게 두 가지로 분류되는데, Patton(1975)은 이를 연구방법의 두 가지 패러다임이라 하였으며, 이 두 가지 연구방법론은 자연과학적 전통에서 사회현상을 연구하는 양적 접근과 인류학적 전통을 따르는 질적 접근이다(신경숙, 2001, p.29). 조용환(2002)은 질적이냐 양적이냐 하는 구분은 연구방법론(research methodology)의 문제이며, 여기에는 연구논리(research logic)와 연구기법(research technic)의 두 측면이 포함된다고 하였다.

양적 접근과 질적 접근의 차이를 한마디로 표현한다면, 양적 접근은 하나의 현상을 '외부로부터 설명'하는 방법이고, 질적 접근은 '내부로부터 이해'하는 방법으로 단순화시킬 수 있다(崔協, 1983, p.7). 양적 접근(quantitative approach)에 의한 연구방법이 연역적 방법, 이론의 검증, 수량화, 객관성을 강조하는 것이 그 특징이라면, 질적 접근(qualitative approach)에 의한 연구방법은 귀납적 방법, 이론의 생성, 구성화, 주관성이 그 특징(Goetz & LeCompte, 1984)이라 할 수 있다(신경숙, 2001, p.29). Goetz와 Lecompte(1984)는 양적 연구와 질적 연구의 차이를 다음 네 가지, 즉 연역적 대 귀납적 차원, 객관적 대 주관적 차원, 이론의 검증 대 이론의 생성(verification vs generation) 차원, 수량화 대 구성화(enumeration vs construction)라는 차원으로 구분하여 논의하였다(황희숙, 2001, p.18). 이 밖에도 Stainback과 Stainback(1988)은 질적 연구와 계량적 연구의 패러다임적 차이를 10가지 준거로 제시하고 있다(김병하 역, 1992, p.22).

여러 측면에서 볼 때, 특수교육 연구방법 역시 사회과학 연구방법론의 틀과 크게 다르지 않다. Switzky와 Heal(1990)은 특수교육 연구방법의 내적, 외적, 사회적 타당도, 특히 측정의 신뢰도와 타당도에 더 많은 신경을 써야 한다고 지적하고 있다(김삼섭, 2002). 그와 동시에 그들은 과학적 연구방법이 복잡한 특수교육 문제들을 해결하는 데 적용될 수 있는지를 심도 있게 재검토해야 할 시기가 되었다고 지적하고 있다. 이와 같은 견해를 반영하듯 최근 특수교육 연구는 질적 연구의 논리를 공유하고 있는 현상학적·해석학적·실존주의적·상징적·상호작용론적·연극사회학적·민족지학적·문학적·미학적·역사학적 연구 등(Stainback & Stanback, 1988)을 시도하는 경우가 점차 많아지고 있다(김삼섭, 2002). 또한, 전통적으로 측정, 통계, 가설 검증, 조작적 정의 등과 같은 용어들이 익숙한 양적 연구가 지배적이던 특수교육 분야에도 최근 귀납법, 묘사/서술, 의미와 이해 등의 개념을 강조하는 질적 연구가 도입되고 뿌리내려 가고 있다(박은혜, 2001).

Stainback과 Stainback(1984)은 세 가지 측면에서 질적 연구가 특수교육 연구의 발전에 기여할 수 있을 것이라고 분석했는데, 그것은 ① 현장 자료에 기초한 이론의 개발 ② 사회적 타당성(social validity) ③ 특수교육 프로그램의 실행과 결과에 영향을 미치는 다양한 요인들에 대한 총체적인 시각 등이다(박은혜, 2001). 이는 질적 연구가 현장에서 이론을 도출해내는 특성을 지니고 있고, 주관적인 인식과 가치를 중요시하며, 복잡한 변인들 간의 상호작용이나 예측하지 못했던 변인 등에 대한 인식 등 보다 총체적인 시야를 지닐 수 있는 장점을 강조한 것이라 할 수 있다.

박경숙(2000)도 ① 특수교육 대상아동의 개인차로 인해 양적인 연구에서 가장 유용하게 쓰이는 방법인 통계분석이 특수아동에게는 별 도움이 안 된다는 점, ② 특수교육 연구에서는 사전에 연구의 독립 및 종속변수 선택이 어렵고, 특수아동의 계량화할 수 없는 특징이 허다하여 자연스런 맥락에서 연구자가 참여하여 필요한 변수를 포착하고 진술하는 질적 연구방법이 적절하다는 점, ③ 일반화에 취약하다는 비판에도 불구하고 개별연구가 중요시되는 특수교육 연구에서는 질적 연구가 적절하다는 점 등을 들어 특수교육에서 질적 연구가 필요함을 강조하고 있다.

김병하(2000)는 특수교육이 '수입학문'의 수준을 벗어나고 특수교육 이론 및 실천에서 대외의존성을 줄이기 위해서 질적 연구를 통해 우리나라 특수교육 현실에 대한 깊이 있는 자료와 해석이 축적되어야 한다고 주장했다. 특수교육에서 질적 연구자는 당대 삶의 현장에서 사람들이 '장애'(disability)를 어떻게 체험하고 있는가를 문제 삼으며, Ferguson(1992) 등의 질적 연구자들이 '장애'의 문제를 어떻게 해석하고 있는가에 주목하면서, 사회문화적 맥락 속에서 '장애'와 장애인의 문제를 이야기하고 이해하는 것을 강조하고 있다. 또한 김병하(2001)는 특수교육 분야에서 장애인 개인의 교육적 생애에 대한 서사적(narrative) 역사로서 교육생애사에 주목해 볼 필요가 있다고 하였다.

최성규(1998)는 1997년까지 한국특수교육학회와 대한 특수교육학회의 학회지에 게재된 201편의 논문을 대상으로 분석한 결과, 양적 증가는 두드러지게 나타났으나 질적인 변화가 없음을 보고하였다. 또한 특수교육학회지에 게재되는 대부분의 논문이 계량적 논문이며, 질적 연구와 관련된 연구방법을 사용하고 있는 논문이 거의 전무한 것으로 나타났다.

박은혜(2001)는 특수교육 및 재활분야에서 질적 연구 패러다임의 학문적 기초와 실제적인 연구방법론에 대한 지식이 확산될 필요가 있으며, 양적 연구와 근본적으로 다른 연구관을 가지고 있는 질적 연구 접근의 학문적 발전 배경 및 이론적 토대와 심층면접, 참여관찰, 핵심집단면접과 같은 구체적인 질적 연구방법에 대해 충분한 이해를 갖춘 연구자들이 많아져야 할 것이고,

질적 연구의 특성에 맞는 특수교육과 재활분야에서의 다양한 연구주제들에 대한 탐구가 필요하다고 하였으며, 질적 연구의 활성화를 통해 양적 연구와의 상호보완이 이루어지는 연구 풍토 조성이 되는 것이 바람직하다고 하였다.

김삼섭(2002) 역시 특수교육 연구방법의 과제를 양적 연구와 질적 연구로 구분하여, 양적 연구의 과제로 실험설계의 적절성 여부, 표집방법상의 문제, 자료처리 혹은 통계적 기법 적용상의 문제 등을 지적하였고, 질적 연구의 과제로 객관도, 신뢰도, 타당도 등의 문제를 지적하였으며, 연구 패러다임이 변화 혹은 균형을 이루는 방향으로 진행될 것으로 전망하였다.

최근에는 양적 접근과 질적 접근의 통합에 대한 관심이 높아지고 있다. 일련의 학자들(Bryman, 1988; Patton, 1990; Reichardt & Cook, 1979)은 양적, 질적 연구는 단순히 사회를 탐구하는 여러 가지 방법을 의미하는 것으로 파악하여 이 두 방법 간의 통합도 가능하다고 주장하였다(황희숙, 2001, p.18). 또한, 실제로 각각의 방법이 가진 약점을 보완하는 복합적인 방법을 시도하는 연구들이 나오고 있다(김병성, 1996, p.83). 모든 사물이 질과 양의 속성을 다 가지고 있듯이, 모든 연구는 질적 과정과 양적 과정을 다 포함하고 있다. 모든 양적 연구는 질적 연구의 요소를 어느 정도 공유하고 있기 때문에 질적 연구의 도움을 필요로 한다. 그 점은 질적 연구도 마찬가지다. 양적 사고나 분석이 전적으로 배제된 질적 연구는 있을 수 없다(조용환, 2002, pp.15-16).

질적 연구와 양적 연구의 상호보완성은 질적 연구가 양적 연구에 유용한 기초 자료를 제공하거나, 눈이 굵은 양적 연구의 그물이 놓치는 미세한 현상을 포착하도록 질적 연구가 도와주는 과정에서 드러난다. 면밀한 관찰과 기록을 통하여 산출된 풍부한 질적 자료는 양적 연구의 가설 형성과 계량적 조작을 위한 기초를 제공하며, 때로는 양적 연구가 놓친 정보나 왜곡한 사실을 밝혀냄으로써 양적 연구를 수정·보완할 수 있게도 한다. 또한 질적 연구를 통해 제기된 가설을 양적 연구가 검증하거나, 질적 연구의 결과를 양적 연구를 통해 일반화하는 과정에서도 양자의 상호보완성을 발견할 수 있다(조용환, 2002, p.19).

한편, 박은혜(2001)는 특수교육 및 재활에서의 질적 연구에 관한 주제별 탐색을 통해서, 성인기 생활 및 전이 과정에 대한 질적 연구 주제를 ① 전환관련 활동에 대한 학생들의 참여와 장애에 대한 학생, 교사, 부모의 인식에 관한 연구(Lehman et al., 1999), ② 장애학생의 참여의 정도와 참여의 유형에 관한 연구(Whitney-Thomas et al., 1998), ③ 전문가와 장애인의 가족, 장애성인의 관계에 관한 연구(Ferguson et al., 1993), ④ 학습장애 성인 중 성공적인 성인생활을 영위하는 대상자에 대한 연구(Reiff et al., 1995), ⑥ 장애 성인들의 지역사회에서의 경험에 대한 분석(Walker, 1999)으로 구분하고 있다. 여기에서 최근 특수교육 및 직업재활에서 전환교육과정이나 성인기 생활을 주제로 한 질적 연구가 증가하고 있는 추세임을 알 수 있다.

이상에서 살펴본 바와 같이, 특수교육 및 직업재활 분야에서도 질적인 접근의 필요성이 제기되고 있으며, 양적·질적 접근의 상호보완성을 강조한다거나 통합적인 기법의 사용이 필요하다는 공감대가 형성되고 있다.

이 연구에서는 자폐성 장애인의 직업유지에 영향을 미치는 요인을 알아보고자 하며, 장애인의 직업유지에 영향을 미치는 요인을 알아보는 방법은 여러 가지가 있을 수 있다. 우리나라에서는 주로 고용주나 장애인을 대상으로 설문 조사를 통하여 직업유지 요인을 알아본 양적 연구가 대부분이며, 심층면담 등을 통한 질적 연구도 부분적으로 이루어졌다. 모집단의 크기가 매우 작고 개인차 역시 다른 장애 영역에 비해 큰 자폐성 장애인의 경우, 양적 연구와 질적 연구를 병행하여 직업유지 요인을 알아볼 필요가 있다.

따라서 이 연구에서는 조사연구를 적용한 양적 접근을 기본으로 하면서, 연구 결과에 대한 심층면담을 통해서 질적인 방식으로 연구를 보완하는 통합적 연구 기법을 적용하고자 한다.

연구방법

Ⅲ. 연구방법

이 연구에서는 자폐성 장애인의 개인특성, 가정환경 및 작업환경과 직업 유지와의 관계를 알아보기 위해 양적 연구와 질적 연구를 병행하였다.

1. 양적 연구

1) 대 상

이 연구의 대상은 자폐성 장애가 있는 18세 이상의 성인을 대상으로 하였으며, 자폐성 장애에 대한 판단기준은 ① 소아기에 자폐성 장애로 진단받은 자, ② 자폐성향으로 인하여 정서장애학교에서 특수교육 대상자로 선정되어 교육을 받은 자, ③ 장애인복지법에 의하여 발달장애로 등록한 자 중, 한 가지 이상의 기준에 부합하는 자로 정하였다. 또한, 전직 유무에 관계없이 현재까지 6개월 이상 직업생활을 유지하고 있으면서, 근로기준법상 최저임금*에 준하고 파트타임 근로 등을 고려한 월평균 삼십만 원 이상의 고정적인 임금 수령하는 자를 대상으로 삼아, 전국적으로 고용된 자폐성 장애인을 가능한 한 전집하고자 하였다.

선정 기준에 맞는 자폐성 장애인을 표집하기 위하여 대상자 확인을 의뢰한 기관은 5개 정서장애학교, 정서장애 특수학급을 인가받고 고등부 졸업생을 배출한 특수학교 2개교, 한국장애인고용촉진공단 등이었다. 표집한 대상 중, 조사지에 대한 응답내용이 부실하거나 조사지가 회수되지 않는 사례, 연구 협력 의사가 없음을 밝힌 부모나 기관이 포함된 사례 등을 제외한 후, 최종적으로 42명을 대상으로 삼았다. 대상의 일반적 특성은 표 Ⅲ-1과 같다.

〈표 Ⅲ-1〉 연구 대상의 인구학적·직업적 특성

(n=42)

항 목	범 주	인원수(%)	비 고
성 별	남	40(95.2)	
	여	2(4.8)	
연 령	18~20세	14(33.3)	
	21~25세	24(57.2)	
	26~30세	4(9.5)	
지역분포	서 울	27(64.3)	
	경 기	8(19.0)	
	충 북	3(7.2)	
	대 구	4(9.5)	
직업분류	사무종사자	3(7.2)	도서 분류 / 사무
	장치, 기계조작 및 조립	1(2.4)	제과 / 제빵
	단순노무종사자	38(90.4)	단순조립 / 포장 / 청소 / 운반

---

* 2004년 9월부터 2005년 8월 사이의 최저임금 기준: 시급 2840원 하루 8시간 기준 일급 22,730원 주 6일 근무 사업장 월급 64,840원

항 목	범 주	인원수(%)	비 고
평균임금(월)	30~39만 원	6(14.3)	파트2 / 수습1 / 보호 작업3
	40~49만 원	2(4.8)	수습1
	50~59만 원	0(0)	
	60~69만 원	29(69.0)	최저임금이상
	70만 원 이상	5(11.9)	
근로시간	4시간 내외	2(4.8)	파트타임 2
	8시간 이상	40(95.2)	정규근로 / 간혹 잔업
재직기간	6개월~1년 미만	12(28.6)	
	1년 이상~3년 미만	19(45.2)	
	3년 이상~5년 미만	10(23.8)	
	5년 이상	1(2.4)	
주거형태	가 정	40(95.2)	
	그 룹 홈	1(2.4)	
	기 숙 사	1(2.4)	
재직업체의 산업유형	1차(농업)	1(2.4)	전체 재직업체 수: 18곳
	2차(제조업)	36(85.7)	
	3차(서비스업)	5(11.9)	
재직업체의 종업원 수	50인 이하	19(45.2)	
	51인~99인	19(45.2)	
	100인~299인	2(4.8)	
	300인 이상	2(4.8)	
재직업체의 장애인수	5인 이하	13(30.9)	
	6인~10인	3(7.2)	
	11인~30인	19(45.2)	현장 내 기업모델(2 / 19)
	31인~50인	7(16.7)	보호 작업장3, 근로시설2

　　표 Ⅲ-1에 나타난 바와 같이, 대상의 성별은 전체 42명 중 남자가 40명 (95.2%), 여자가 2명(4.8%)이었으며, 연령대별로 보면, 18세~20세가 14명 (33.3%), 21세~25세가 24명(57.2%), 26세~30세가 4명(9.5%)이었다. 지역별

로 보면, 서울·경기 등 수도권 지역에 35명(83.3%), 충북·대구 등 지방에 7명(16.7%)이 재직하고 있었다.

대상자들의 직업분류는 한국표준직업분류(2000)에 의거하여 분류한 결과, 사무종사자 3명(7.2%), 장치, 기계조작 및 조립종사자 1명(2.4%), 단순노무종사자가 38명(90.4%)이었다. 월평균 임금별로 보면, 30만 원~39만 원 6명(14.3%), 40만 원~49만 원 2명(4.8%), 60만 원~69만 원 29명(69.0%), 70만 원 이상은 5명(11.9%)이었다. 근로시간은 8시간 이상이 40명(95.2%)이었고, 2명(4.8%)은 4시간 내외의 파트타임 근로자였다. 재직기간별로 보면, 6개월~1년 미만 12명(28.6%), 1년 이상~3년 미만 19명(45.2%), 3년 이상~5년 미만은 10명(23.8%)이었으며, 5년 이상은 1명(2.4%)이었다. 주거 형태는 가정 40명(95.2%), 그룹홈 1명(2.4%), 기숙사 1명(2.4%)이었다.

재직업체의 산업유형별로 보면, 1차 산업(농업) 종사자가 1명(2.4%), 2차 산업(제조업) 종사자는 36명(85.7%), 3차 산업(서비스업) 종사자는 5명(11.9%)이었다. 재직업체의 종업원 수로 보면, 50인 이하 사업장에 재직하고 있는 자는 19명(45.2%), 51인 이상~99인 미만 사업장의 재직자는 19명(45.2%), 100인 이상 사업장의 재직자는 4명(9.6%)이었다. 장애인 근로자 수로 보면, 10인 이하 사업장의 재직자는 16명(38.1%), 11인 이상~30인 이하 사업장의 재직자는 19명(45.2%), 31인 이상~50인 이하 재직자는 7명(16.7%)이었다.

이 연구에서는 연구 대상인 자폐성 장애인들이 장애의 특성상 의사소통 기능에 결함이 있고, 개인의 인지능력에 따른 답변의 신뢰성 확보가 어렵다고 판단하여, 각 조사지에 따라 조사 대상을 달리하였다. 즉, 개인특성 요인 중 「일에 대한 가치」와 「일반적 기능수준」은 대상 자폐성 장애인을 가장 잘 파악하고 있는 부모들을 조사 대상으로 하였다. 또한, 가정환경 요인 중 「가족기능」과 「부모의 일에 대한 가치」조사지도 부모들을 조사 대상으로 하였다. 그리고 개인특성 요인 중 「작업기능 수준」조사지는 자폐성 장애인과 함께 재직하고 있는 직장동료를 조사 대상으로 하였으며, 작업환경 요인인 「고용주 및 동료의 지지」조사지는 업체의 상황을 가장 잘 파악할 수 있는 사후지도 담당자를 조사 대상으로 하였다. 또한, 자폐성 장애인의 직업유지 수준을 알아보기 위해서 실시한 「고용주 만족도 조사지」는 해당 업체의 고용주나 노무관리자를 그 조사 대상으로 삼았다.

이에 따라 선정된 조사 대상자는 각각, 조사지 응답능력에 문제가 없는 해당 자폐성 장애인의 부모 42명, 자폐성 장애인과 함께 근무하고 있는 비장애 직장동료 42명, 현재 사후지도를 담당하고 있는 출신학교 취업담당교사(5명)와 한국장애인고용촉진공단 사후지도 담당자(3명) 8명, 장애인 고용사업체의 고용주(11명)와 노무관리자(7명) 18명이었다.

2) 도 구

양적 연구에서 사용한 도구는 「개인특성 조사지」, 「가정환경 조사지」, 「작업환경 조사지」, 「고용주 만족도 조사지」였으며, 이를 조사 대상에 따라 부모용, 동료용, 고용주용, 사후지도자용으로 분류하여 제작한 후, 조사를 실시하였다.

(1)「개인특성 조사지」

「개인특성 조사지」는 「일에 대한 가치」, 「일반적 기능수준」, 「작업기능 수준」의 세 가지 척도로 구성하였다.

먼저 「일에 대한 가치」(valuing of work)척도는 자폐성 장애인이 일의 의미에 대해서 어떻게 인식하고 있는지, 일에 대한 관심과 중요성을 알아보기 위하여, Van Dongen(1996)이 직업재활 전문가와 함께 개발한 「일의 가치 지각」(Perception of the Meaning of Work) 척도를 수정·재구성한 최희수 (1999)의 「일에 대한 가치」척도를 사용하였다. 이 척도는 원래 정신분열증 환자를 대상으로 개발된 도구로, 일을 하고 있거나 혹은 일을 하고 있지 않은 정신분열병 환자가 일의 의미에 대해 어떻게 인식하는지에 관하여, 양적, 질적인 정보를 얻을 수 있도록 총 12항목의, 대체로 주관적인 내용으로 이루어진 도구였다. 이를 최희수(1999)가 수정ㆍ보완하여 총 7문항으로 설문을 재구성하였으며, 각 문항은 '전혀 그렇지 않다' 1에서 '매우 그렇다' 5까지 5점 척도로 이루어졌다. 신뢰도 계수는 최희수의 연구에서는 Cronbach α .88로 나타났고, 류지수(2003)의 연구에서는 Cronbach α .92로 나타났다.

이 연구에서는 연구 대상 중 7명에 대한 예비검사를 실시하여 문항내적 일관성 신뢰도를 구해 본 결과, 신뢰도 계수는 Cronbach α .83으로 나타났다. 직업재활 전공교수 1인과 박사과정 대학원생 1인과의 협의를 통해, 조사 문항은 그대로 적용하고 응답자의 이해를 돕기 위한 응답설명문에 대해서만 부분 수정하였다. 본 검사를 통해 재차 10명의 사례에 대한 신뢰도 계수 산출한 결과, Cronbach α .94로 나타났다. (부록 Ⅰ 참조)

「일반적 기능수준」(level of functioning) 척도는 「ADL(일상생활수행능력)과 IADL(Instrumental ADL, 도구적 일상생활수행능력)」을 수정, 재구성한 최희수(1999)의 척도를 사용하였다. 일반적 기능수준은 각 생활 영역에서의 독립적인 생활능력을 의미하며, 성공적인 직업재활을 위하여 직업적 기능을 수행하는 데 기초가 된다. 이 척도는 '매우 못한다' 1에서 '매우 잘한다' 5까지 5점 척도로 이루어졌으며, 각 영역별로 개인위생(1, 2, 3, 4), 용모(5, 6, 7, 8, 9), 식습관(10, 11, 12), 주변정리(13, 14, 15), 일상생활(16, 17, 18, 19, 20), 건강관리(21, 22, 23), 금전관리(24, 25) 등, 7개 영역 25문항으로 구성되었다. 최희수(1999)의 연구에서 신뢰도는 Cronbach α .93으로 나타났다.

이 연구에서는 연구 대상 중 7명에 대한 예비검사를 실시하여 문항내적 일관성 신뢰도를 구해 본 결과, 신뢰도 계수는 Cronbach α .96으로 나타났다. 직업재활 전공교수 1인과 박사과정 대학원생 1인과의 협의를 통해, 조사 문항 중 19번 문항인 '시간을 잘 활용하며 지낸다(뭔가를 하면서 시간을 보낸다)'를 '시간을 잘 활용하며 지낸다'로 수정하였으며, 24번 문항인 '돈 관리를 직접 한다(계획을 세워서 형편에 맞게 돈을 쓴다)'를 '돈 관리를 직접 한다'로 수정하였다. 본 검사를 통해 재차 10명의 사례에 대한 신뢰도 계수 산출한 결과, 신뢰도 계수는 Cronbach α .94로 나타났다. (부록 Ⅰ 참조)

「작업기능 수준」(level of work functioning) 척도는 Cheadle 등(1967)이 개발한 총 25항목으로 이루어진 척도를 최희수(1999)가 과제수행 능력, 일에 대한 동기를 중심으로 8개 문항으로 재수정하여 사용한 척도를 사용하였다. 성공적인 직업생활을 위해서 자신이 맡은 업무를 수행할 수 있는 능력이 일차적으로 요구되며, 직업재활에 있어서 일 관련 활동이 기본적인 요인이라 할 수 있다(최희수, 1999). Cheadle 등(1967)은 취업그룹과 미취업그룹에 대한 사후 차이검증을 통해 이 척도의 타당도를 확인하였다(최희수, 1999에서 재인용). 이 척도는 '전혀 그렇지 않다' 1에서 '매우 그렇다' 5까지 5점 척도를 사용하였고, 최희수(1999)의 연구에서 신뢰도 계수는 Cronbach α는 .81로 나타났다.

이 연구에서는 연구 대상 중 7명에 대한 예비검사를 실시하여 문항내적 일관성 신뢰도를 구해 본 결과, 신뢰도 계수는 Cronbach α .82로 나타났다. 직업재활 전공교수 1인과 박사과정 대학원생 1인과의 협의를 통해, 조사 문항은 그대로 적용하고 응답자의 이해를 돕기 위한 응답설명문에 대해서만 부분 수정하였다. 본 검사를 통해 재차 10명의 사례에 대한 신뢰도 계수 산출한 결과, Cronbach α .90으로 나타났다. (부록 Ⅱ 참조)

(2) 「가정환경 조사지」

「가정환경 조사지」는 「가족기능」척도와 「부모의 일에 대한 가치」척도로 구성하였다. (부록 Ⅰ 참조)

「가족기능」척도는 60문항으로 구성된 Epstein 등(1983)의 「가족사정 척도」(the Family Assessment Device: FAD)를 34문항으로 재구성한 정수경(1993)의 척도를 수정·보완하여 사용하였다. 이 척도는 가족기능을 사정하는 기준이나 척도를 개발하기 위해서 다양한 이론적 모델이 있지만, McMaster 가족기능 모델에 근거한 Epstein 등의 척도가 가장 적합하다는 이론적 검증을 통해 재구성된 것이다(정수경, 1993). 이 척도는 가족이라는 복잡한 실체를 가장 비효과적인 기능에서 가장 효과적인 기능까지의 범주에 걸쳐있는 것으로 보고, 가족문제들과 관련된 역기능적 가족의 구조와 조직, 상호작용 유형을 이해하기 위해, 문제해결, 의사소통, 역할, 정서적 반응, 정서적 관여, 행동통제, 일반적 기능의 7가지 차원에서 구성된 척도이다. FAD의 7개 하위차원의 개념은 ① 가족이 효과적인 기능을 유지하는 데 요구되는 수준으로 문제를 해결할 수 있는지를 보는 문제해결차원, ② 효과적인 기능을 위해서 의사소통이 모호하고 위장되어 있기보다는 개방적이고 명백하게 이루어지는지를 보는 의사소통 차원, ③ 가족 구성원들이 매일의 일상생활을 하기 위해서 수행해야 하는 특수한 행동들이 잘 분담되고 있는지를 보는 역할 차원, ④ 가족이 주어진 자극에 따라 적절한 내용과 적절한 양의 감정으로 반응할 수 있는 능력을 의미하는 정서적 반응성 차원, ⑤ 가족이 그 구성원 개인들의 관심사와 활동에 얼마나 관심을 보이는가를 의미하는 정서적 관여 차원, ⑥ 가족이 개별 구성원들의 행동을 다스릴 규범과 기준들을 가지는지 그리고 위급한 상황에 대처하는 방법들을 가지는지의 여부를 사정하는 행동통제 차원, ⑦ 가족의 건강 및 병리를 총체적으로 측정하는 가족의 일반적 기능 차원으로 나뉜다.

이 척도는 문제해결(14, 22, 34), 의사소통(2, 10, 33), 역할(8, 13, 20, 27, 30), 정서적 반응성(5, 11, 18, 23), 정서적 관여(7, 15, 19, 21, 24, 31), 행동통제(4, 9, 17, 26, 28), 일반적 기능(1, 3, 6, 12, 16, 29, 32)의 7개 영역으로 구성되었다. 정수경(1993)의 연구에서 신뢰도는 Cronbach α .68이었으며, 류지수(2003)의 연구에서는 Cronbach α .89로 나타났다.

이 연구에서는 전체 척도와의 일관성을 위하여 4점 척도를 '전혀 그렇지 않다' 1에서 '매우 그렇다' 5까지의 5점 척도로 바꾸었다. 연구 대상 중 7명에 대한 예비검사를 실시하여 문항내적 일관성 신뢰도를 구해 본 결과, 신뢰도 계수는 Cronbach α .88로 나타났다. 직업재활 전공교수 1인과 박사과정 대학원생 1인과의 협의를 통해, 3번 문항인 '위기가 닥치면 서로에게 도와달라고 부탁할 수가 있다'를 '위기가 닥치면 서로에게 도와달라고 부탁할 수 있다'로 수정하였고, 17번 문항인 '화장실(욕실)을 사용하는 규칙이 정해져 있지 않다'를 '화장실을 사용하는 규칙이 정해져 있지 않다'로, 22번 문항인 '(나쁜) 감정문제가 나타나면 거의 풀고 지나간다'를 '감정문제가 나타나면 거의 풀고 지나간다'로, 23번 문항인 '다정다감한 편은 아니다'를 '다정다감하지 않은 편이다'로, 27번 문항인 '어떤 일을 부탁하고 나서 나중에 다시 일러줘야 한다'를 '특정한 일을 부탁하면 나중에 다시 일러줘야 한다'로, 29번 문항인 '함께 있으면 잘 지내지를 못한다'를 '함께 있으면 잘 지내지 못한다'로 수정하였다. 본 검사를 통해 재차 10명의 사례에 대한 신뢰도 계수 산출한 결과, Cronbach α .92로 나타났다.

「부모의 일에 대한 가치」척도는 Van Dongen(1996)이 직업재활 전문가와 함께 개발한 「일의 가치 지각」(Perception of the Meaning of Work) 척도를 수정, 재구성한 최희수(1999)의 「일에 대한 가치」척도를 사용하였다. 이 척도는 '전혀 그렇지 않다' 1에서 '매우 그렇다' 5까지의 5점 척도로서 7개 문항으로 구성되어 있다. 최희수(1999)의 연구에서 신뢰도는 Cronbach α .89로 나타났다. 이 척도는 앞서 자폐성 장애인의 일에 대한 가치 척도와 내용적으로 동일하나 그 대상만 부모로 달리한 것이다.

이 연구에서는 연구 대상 중 7명에 대한 예비검사를 실시하여 문항내적 일관성 신뢰도를 구해 본 결과, 신뢰도 계수는 Cronbach α .90으로 나타났다. 직업재활 전공교수 1인과 박사과정 대학원생 1인과의 협의를 통해, 조사 문항은 그대로 적용하고 응답자의 이해를 돕기 위한 응답설명문에 대해서만 부분 수정하였다. 본 검사를 통해 재차 10명의 사례에 대한 신뢰도 계수 산출한 결과, Cronbach α .85로 나타났다.

(3) 「작업환경 조사지」

「작업환경 조사지」는 박지원(1985)의 「사회적 지지 척도」를 수정, 보완한 김희정(1992), 박훈희(2001), 류지수(2003)의 「고용주 및 동료의 지지」척도를 사용하였다. 이 척도는 정서(1, 2), 정보(3, 4), 물질(5, 6), 평가(7, 8) 영역 각 2문항씩 총 8문항, '전혀 그렇지 않다' 1에서 '매우 그렇다' 5까지의 5점 척도로 구성되어 있다. 이 척도의 신뢰도 계수는 김희정(1992)의 연구에서는 Cronbach α .93, 박훈희(2001)의 연구에서는 Cronbach α .95, 류지수(2003)의 연구에서는 Cronbach α .94로 나타났다.

이 연구에서는 연구 대상 중 7명에 대한 예비검사를 실시하여 문항내적 일관성 신뢰도를 구해 본 결과, 신뢰도 계수는 Cronbach α .93으로 나타났다. 직업재활 전공교수 1인과 박사과정 대학원생 1인과의 협의를 통해, 조사 문항은 그대로 적용하고 응답자의 이해를 돕기 위한 응답설명문에 대해서만 부분 수정하였다. 본 검사를 통해 재차 10명의 사례에 대한 신뢰도 계수 산출한 결과, Cronbach α .95로 나타났다. (부록 Ⅳ 참조)

(4) 「고용주 만족도 조사지」

「고용주 만족도 조사지」는 김삼섭(1997)이 Rusch와 Mithaug(1980), Foss와 Peterson(1981), Chamberlain(1988) 등의 연구에서 사용한 조사지를 종합·분석하여 우리나라 실정에 맞게 번안한 「고용주가 생각하는 장애인의 직업적 성공관련 요인」을 5점 평정척도로 재구성한 「고용주 만족도」척도를 사용하였다. 이 척도는 사회적 기술군, 개인적 기술군, 의사소통 기술군, 작업관련 기술군으로 군집화되어 있으며, '전혀 그렇지 않다' 1에서 '매우 그렇다' 5까지의 5점 척도로 구성되어 있다. 이 척도는 김삼섭(1997)의 연구에서 신뢰도 계수가 Cronbach α .92로 나타났다. 이 연구에서는 연구 대상 중 7명에 대한 예비검사를 실시하여 문항내적 일관성 신뢰도를 구해 본 결과, 신뢰도 계수는 Cronbach α .93으로 나타났다. 직업재활 전공교수 1인과 박사과정 대학원생 1인과의 협의를 통해, 조사 문항은 그대로 적용하고 응답자의 이해를 돕기 위한 응답설명문에 대해서만 부분 수정하였다. 본 검사를 통해 재차 10명의 사례에 대한 신뢰도 계수 산출한 결과, Cronbach α .89로 나타났다. (부록 Ⅲ 참조)

3) 자료수집

연구 대상을 표집하기 위해 「2004년 특수교육요람」(한국특수교육총연합회, 2004)을 참고하여, 5개 정서장애학교, 정서장애 특수학급을 인가받고 고등부 졸업생을 배출한 특수학교 2개교, 한국장애인고용촉진공단을 대상선정을 위한 의뢰 기관으로 정하였다.

먼저, 2004년 11월~12월에, 해당 학교 및 기관 관계자와 유선 연락을 통해 연구의 취지를 설명하고 협조를 당부한 후, 선정 기준에 맞는 연구 대상이 있는지 확인하였다. 이 과정에서, 정서장애 특수학급 인가를 받고 고등부 졸업생을 배출한 특수학교 2개교의 졸업생 중에는 이 연구의 선정 기준에 맞는 대상이 없음이 확인되었다. 5개 정서장애학교와 한국장애인고용촉진공단의 경우는 선정 기준에 맞는 대상이 있는 것으로 확인되었다.

이에 따라, 2004년 12월~2005년 1월에, 연구 대상을 전집하기 위하여 5개 정서장애학교와 한국장애인고용촉진공단 산하기관을 방문하여 연구의 취지를 충분히 설명하고 협조를 당부한 후, 선정 기준에 맞는 대상자를 파악하고 업체 및 부모의 연락처를 구하였다. 대상자의 부모와 사업체의 고용주 및 직업생활상담원 등에게 유선을 통하여 연구의 취지와 절차를 설명한 후 협조를 당부하였다. 여기서 파악된 대상은 모두 59명이었으나, 부모 및 업체와의 연락을 통해 대상자의 퇴직, 사업체 폐업 등으로 인해 직업유지에 실패하였거나 연구협조가 어려운 가정 상황 등이 확인되어, 45명만을 대상으로 선정하였다. 또한, 이 과정에서 정서장애학교 취업담당교사의 협조를 받아, 직업생활을 유지하고 있는 자폐성 장애인의 직장을 방문하였고, 자폐성 장애인의 고용현황을 확인하고 자폐성 장애인과의 인터뷰를 실시하였으며, 고용주와 직장동료와의 인터뷰 및 사후지도를 담당하고 있는 정서장애학교 취업담당교사와 인터뷰를 실시하였다. 이 인터뷰 자료는 연구 결과에 대한 논의를 위해, 필요한 내용을 부분적으로 인용하였다.

45명의 자폐성 장애인을 대상으로 실시할 조사연구 도구는 각각 부모용, 직장동료용, 고용주용, 사후지도자용의 네 가지로 분류하였다. 부모용은 「일에 대한 가치」, 「일반적 기능수준」, 「가족기능」, 「부모의 일에 대한 가치」 등의 척도로 구성하였으며, 직장동료용은 「작업기능 수준」, 고용주용은 「고용주 만족도」, 사후지도자용은 「고용주 및 동료의 지지」로 구성하고 각각 연구자의 협조문을 표지로 부착하여 제작하였다.

각 조사지는 예비검사를 통해 직업재활 담당 교수 1인과 박사과정 대학원생 1인의 협조를 얻어 수정·보완의 절차를 거쳤으며, 각 조사지별로 신뢰도 계수를 산출한 후 사용하였다. 2005년 1월~2월에, 각 조사지를 해당 자폐성 장애인의 부모, 직장, 학교, 공단 등의 주소지에 반송용 봉투와 협조용 강화물을 첨부하여 빠른 등기 우편으로 발송하였고, 유선을 통해 협조를 당부하였다. 2주간의 회수 기간을 거쳐 회수되지 않는 경우, 재차 유선을 통해 협조를 당부하고, 다시 2주간의 회수 기간을 두었다. 이 기간에 대상자의 일반적 특성에 대한 조사를 함께 실시하였다. (부록 Ⅴ 참조)

이 과정에서 조사지가 회수되지 않았거나 응답내용이 불성실한 경우 등을 제외하고, 최종적으로 42명의 자료를 연구 대상 자료로 삼았다. 연구 대상의 직업유지 기간은 2005년 1월 말을 기준으로 전직 유무에 상관없이 6개월 이상 재직한 자를 기준으로 삼았으며, 대상자 특성을 기술할 때는 2005년 4월 초를 기준으로 하였다.

4) 자료처리

42명의 대상에 대한 조사연구 자료는 대상자의 일반적 특성에 관하여 기술적 통계방법을 사용하여 분석하였으며, 연구문제에 따른 자료처리 과정은 다음과 같다.

첫 번째 연구문제인 자폐성 장애인의 개인특성, 가정환경 및 작업환경 하위 요인들의 직업유지에 대한 상대적 중요도를 알아보기 위해서, 입력 방식의 중다회귀분석을 통해 표준화 베타의 값을 구해 하위 요인별로 비교해 보았다.

독립변인으로 「일에 대한 가치」, 「일반적 기능수준」, 「가족기능」, 「부모의 일에 대한 가치」, 「작업기능 수준」, 「고용주 및 동료의 지지」의 6개 조사지의 값을 사용하였고, 종속변인으로는 「고용주 만족도」의 값을 사용하여 입력 방식의 중다회귀분석을 실시하였다. 각 조사지의 문항은 5점 평정척도로 구성되어 있으나, 「가족기능」조사지의 경우 긍정적 진술과 부정적 진술이 혼재되어 있어, 이를 재부호화하여 어떤 문항이든지 높은 점수가 긍정적인 의미를 갖도록 처리하였다. 예를 들어, 1번 문항인 '서로를 잘 이해하지 못하기 때문에 우리가 해야 할 일을 계획하지 못한다.'의 경우, 부정적인 진술이기 때문에 1점을 5점으로, 5점은 1점으로 단계적인 재부호화가 필요했다. 이와 같은 문항은 '1, 4, 5, 6, 7, 8, 9, 12, 13, 15, 18, 19, 20, 21, 23, 24, 27, 28, 29, 30, 31번'으로 모두 21문항이었다. 따라서 점수가 높을수록 효과적인 가족기능을 의미하는 것이다.

또한, 「고용주 만족도」의 하위 요인인 '사회적 기술군', '개인적 기술군', '의사소통 기술군', '작업관련 기술군'을 각각 종속변인으로 하여 모두 네 번의 중다회귀분석을 실시하였다. 이는 자폐성 장애인의 개인특성, 가정환경, 작업환경 하위 요인들이 직업유지 요인인 「고용주 만족도」의 하위 요인에 대해, 각각 어느 정도의 상대적 중요도를 보이는지를 알아보기 위한 과정이었다. 또한, 「고용주 만족도」에 가장 중요하다고 나타난 요인인 「일반적 기능수준」을 다시 하위 요인인 7가지 요인(개인위생, 용모, 식습관, 주변정리, 일상생활, 건강관리, 금전관리)으로 나누어 독립변인으로 삼고, 「고용주 만족도」를 종속변인으로 삼아 입력방식의 중다회귀분석을 실시하여 상대적 중요도를 알아보았으며, 이를 다시 종속변인인 「고용주 만족도」를 하위 요인인 '사회적 기술군', '개인적 기술군', '의사소통 기술군', '작업관련 기술군'을 종속변인으로 삼아 모두 네 번의 중다회귀분석을 실시하여 그 상대적 중요도를 알아보았다.

두 번째 연구문제인 자폐성 장애인의 개인특성, 가정환경 및 작업환경 하위 요인들이 직업유지에 대해 어느 정도의 설명량을 지니는가를 알아보기 위해 단계적 중다회귀분석을 실시하여, 중다상관계수를 산출하고, 그 제곱을 사용하여 설명량을 알아보았다.

독립변인으로 삼은 각 요인별 하위 요인은 각각 「일에 대한 가치」, 「일반적 기능수준」, 「가족기능」, 「부모의 일에 대한 가치」, 「작업기능 수준」, 「고용주 및 동료의 지지」의 값을 사용하였고, 종속변인으로 삼은 직업유지는 「고용주 만족도」의 값을 사용하여 단계적 중다회귀분석을 실시하였다.

또한, 여기서 통계적 유의성 검증을 통하여 유의미한 영향을 미치는 것으로 나타난 「일반적 기능수준」을 하위 요인인 7가지 요인(개인위생, 용모, 식습관, 주변정리, 일상생활, 건강관리, 금전관리)으로 나누어 독립변인으로 삼고, 「고용주 만족도」를 종속변인으로 하여 단계적 중다회귀분석을 실시하였다. 그리고 「일반적 기능수준」의 하위 요인인 7가지 요인(개인위생, 용모, 식습관, 주변정리, 일상생활, 건강관리, 금전관리)을 독립변인으로 삼고, 「고용주 만족도」의 하위 요인인 '사회적 기술군', '개인적 기술군', '의사소통 기술군', '작업관련 기술군'을 각각 종속변인으로 삼아, 모두 네 번의 단계적 중다회귀분석을 실시하였다.

이상의 자료처리는 사회과학 통계 프로그램인 SPSS 10.0K를 사용하였다.

세 번째 연구문제인 자폐성 장애인의 개인특성, 가정환경 및 작업환경 하

위 요인들이 직업유지에 영향을 미치는 확률은 각각 어느 정도인가를 알아
보기 위해, 각 하위 요인들 간의 상관계수를 산출한 후, ‘일상용어로 표현된
효과성 지수(common language effect size: CL_R)[*]’를 산출하였다.

이를 위하여 각 요인의 하위 척도인 「일에 대한 가치」, 「일반적 기능수준」,
「가족기능」, 「부모의 일에 대한 가치」, 「작업기능 수준」, 「고용주 및 동료의
지지」, 「고용주 만족도」를 사용하여 적률상관계수를 산출한 후 ‘일상용어로
표현된 효과성 지수’를 산출하였다.

또한, 자폐성 장애인의 개인특성, 가정환경 및 작업환경 하위 요인들이 직
업유지에 영향을 미치는 확률을 좀더 구체적으로 알아보기 위하여, 직업유지
요인의 「고용주 만족도」조사지를 군집화된 하위 척도인 ‘사회적 기술군’, ‘개
인적 기술군’, ‘의사소통 기술군’, ‘작업관련 기술군’으로 각각 나누고, 「일에
대한 가치」, 「일반적 기능수준」, 「가족기능」, 「부모의 일에 대한 가치」, 「작업
기능 수준」, 「고용주 및 동료의 지지」와의 적률상관계수를 산출한 후, ‘일상
용어로 표현된 효과성 지수’를 산출하였다. ‘일상용어로 표현된 효과성 지수’
의 값은 부록 Ⅷ에 제시되어 있다.

---

[*] ‘일상용어로 표현된 효과성 지수(CL_R)’는 Rosenthal과 Rubin(1982)의 연구에 기초하여
McGraw와 Wong(1992)이 고안해낸 소위 ‘일상용어로 표현된 효과성 통계치(common
language effect size statistic)’를 바탕으로 Dunlap(1994)이 제시한 것이다. Dunlap(1994)
은 적률상관계수를 일상용어로 표현된 효과성 지수(common language effect size
indicator: CL)로 바꾸어 계산하는 공식을 제안하였다. 이렇게 상관계수를 통계적으로
설명하지 않고, 일상적인 용어로 풀어서 설명하는 것은 연구 결과를 이해하는 데 큰
도움이 된다. 예를 들면, 지능지수와 학업성적 간의 상관계수가 .60이라면, 대상 집단
에서 두 학생을 임의로 뽑았을 때 그중 지능지수가 높은 학생이 학업성적도 높을 확률
이 70.5%라는 의미이다. Dunlap이 제시한 ‘일상용어로 표현된 효과성 지수’의 공식은
다음과 같다.
$$CL_R = \sin^{-1}(r) / \pi + .5$$

2.
질적 연구

1) 대 상

심층면담 대상은 조사연구의 결과를 확증하기 위하여, 자폐성 장애인의 개인특성 요인과 가정환경 요인 및 작업환경 요인에 대해 가장 객관적인 위치에서 가장 심도 깊은 정보를 제공해 줄 수 있다고 판단된 특수학교 취업담당교사를 제보자로 선정하였다.

심층면담에서 주요 정보제공자는 매우 중요한 역할을 담당한다. 주요 정보제공자는 현재 그 문화에 참여하고 있는 사람으로 자기 자신의 문화에 대해서 잘 알고, 조사자에게 기꺼이 자기 문화에 대해 이야기해 줄 수 있는 사람으로 선정해야 한다. Spradlely(1997)는 좋은 제보자 또는 참여자는 연구 문화를 철저히 습득한 자, 적어도 1년 이상 연구 상황에 참여하고 있는 자, 현재 그 문화에 참여하고 있는 자, 연구자와 상이한 문화를 지니고 있는 자, 자료를 제공할 수 있을 만큼 충분한 여유가 있는 자, 어설프게 해석하지 않는 자, 즉, 사고가 오염되지 않은 자라고 하였다(신경림 · 장연집 · 조영달 · 김남선 등, 2003, p.337.).

이 연구에서 심층면담의 대상인 정보제공자는 사후지도 담당자 8명 중 사전 협조요청에 동의한 자로, 정서장애학교 취업담당교사 4명이 선정되었으며, 이들은 연구 대상 42명 중 37명의 자폐성 장애인을 지속적인 지도를 통해 직업생활을 영위할 수 있도록 지도한 교사들이다. 4명의 교사에 대한 일반적 특성은 다음과 같다.

4명의 교사는 모두 남성이었고, 연령대는 30대 후반이 2명, 40대 중반이 2명이었다. 이중 3명은 서울경기지역의 정서장애학교에 재직 중이며, 한 명은 충북지역의 정서장애학교에 재직 중이다. 4명 모두 학부에서 특수교육을 전공하였고, 이중 3명은 석사학위를 소지하고 있었으며, 그중 2명은 자폐학생의 직업에 관련된 논문으로 석사학위를 취득하였다. 교직 경력은 9년~18년이었으며, 이 기간은 모두 특수교육 현장경력이었고, 정서장애학교 경력은 7년~10년이었다. 또한, 특수학교에서 직업관련 교과를 지도한 경력은 6년~17년이었고, 정서장애학교에서 직업관련 교과를 지도한 경력은 5년~9년이었으며, 정서장애학교에서 자폐성 장애인의 취업지도를 담당한 경력은 3년~6년이었다. 현재 이들은 모두 정서장애학교에서 직업교육 및 취업지도를 담당하고 있었다. 또한, 이들은 이 연구의 초기과정에서부터 연구에 필요한 제반 정보와 자료를 제공해 주었고, 조사연구에 주도적으로 협력해 주었으며, 자폐성 장애인과 부모, 고용주와 동료는 물론 관련 직업재활 서비스 기관과의 긴밀한 협력을 통해 자폐성 장애인의 직업적 성공을 위해 결정적인 역할을 하고 있었다. 4명의 교사 모두 자폐성 장애인이 정서장애학교에서 전환을 준비하는 단계에서부터 고등부나 전공과, 혹은 직업전담반을 담당함으로써 취업을 위한 전환교육을 담당해 왔으며, 약 1개월~3개월에 이르는 현장 직무지도를 실시해 왔다. 현장 직무지도과정에서 가정과 직업현장과의 연계 지도를 실시하였고, 같은 직업현장으로 매년 지속적인 졸업생의 취업이 이루어지거나 정기적인 사후지도를 실시하고 있어, 직업유지에 관련된 제반요인에 대한 객관적 정보를 충분히 제공해 줄 수 있는 대상들이다. 따라서 이 연구의 목적을 달성하는 데 매우 적절한 주요 정보제공자로서의 조건을 모두 갖추고 있다고 할 수 있다.

2) 도 구

   이 연구에서는 심층면담을 위해서, 세 가지 연구문제에 대한 조사 결과를 제시한 후, 답변을 듣는 방식의 반구조화된 인터뷰(semistructured interviews;

신경림·장연집·조영달·김남선 등, 2003, p.152.)를 실시하였으며, 이를 위해 질문 목록을 작성하였다. 이 질문 목록은 면담 대상에 대한 신상정보를 묻는 일반 사항과 조사 결과에 대한 세부적인 질문으로 구성된 조사결과 관련 질문으로 구성되었다. (부록 Ⅵ 참조)

3) 자료수집

2005년 4월 초, 조사연구의 통계자료를 처리한 후, 조사연구 결과에 대한 심층면담을 위하여 내용을 정리한 다음, 심층면담 대상자인 정보제공자 4명에게 결과를 전자우편을 통해 발송하고 면담협조를 당부하였다. 2005년 4월~5월에, 정보제공자 4명이 재직 중인 정서장애학교를 방문하여 심층면담을 실시하였고, 내용상 추가확인이 필요한 부분은 전화와 전자우편을 통해 보완하였다. 심층면담은 해당 학교의 직업교육실이나 조용한 휴게실 등에서 이루어졌으며, 면담에 소요된 시간은 개인별로 1~2시간에 걸쳐 진행되었다. 면담 내용은 디지털 녹음기를 이용하여 녹취한 다음, 전체 내용을 전사하여 결과 해석에 활용하였다.

4) 자료해석

심층면담 자료의 분석은 녹취용 기기의 내용을 컴퓨터로 옮긴 후, 특수교육을 전공하고 있는 4학년 학부생 2명에게 의뢰하여 전사하였다. 전사된 내용은 연구자가 재확인하고, 오류가 있는 부분을 수정하는 과정을 거쳤다. 면담 내용은 연구 결과의 항목에 따라 주요 내용을 범주화하여 분석하였고, 이 과정에서 내용확인이 필요한 부분은 전화와 전자우편을 통해 정보제공자의 견해를 확인함으로써 오류를 최소화하고자 하였다.

면담자료의 분석은 이미 제시된 질문 목록을 분석의 틀로 삼았으며, 반복적인 정독을 통해 내용을 분석하였다. 연구문제에 따라 분석된 내용을 정리하였다.

최종적으로 분석된 결과를 다시 면담대상자에게 전자우편으로 송부한 뒤, 내용상의 오류나 해석상의 왜곡이 없었는지를 확인하는 과정을 통해 자료해석의 신뢰도를 높이고자 하였다.

IV

결 과

Ⅳ. 결 과

이 연구에서는 양적 연구를 통해 자폐성 장애인의 개인특성, 가정환경 및 작업환경의 하위 요인과 직업유지의 관계를 알아보았으며, 연구문제에 따라 상대적 중요도, 설명량, 요인 간 상관에 대한 확률개념의 순으로 결과를 제시하였다. 또한, 질적 연구를 통하여 자폐성 장애인의 직업유지 요인에 관한 교사들의 견해를 내용분석을 통해 제시하였다.

1.
직업유지 요인의 상대적 중요도

자폐성 장애인의 개인특성, 가정환경 및 작업환경 하위 요인이 직업유지에 영향을 미치는 상대적 중요도를 알아보기 위하여, 자폐성 장애인의 일에 대한 가치, 일반적 기능수준, 작업기능 수준, 가족기능, 부모의 일에 대한 가치, 고용주 및 동료의 지지를 독립변인으로 하고 고용주 만족도를 종속변인으로 하여 입력 방식의 중다회귀분석을 실시하였다. 분석 결과는 표 Ⅳ-1과 같다.

<표 Ⅳ-1> 직업유지에 영향을 미치는 요인 간의 상대적 중요도

		비표준화 계수		표준화 베타
		B	표준오차	
개인특성 요인	일에 대한 가치	-.0036	.210	-.004
	일반적 기능수준	.364	.182	.387
	작업기능 수준	.216	.168	.217
가정환경 요인	가족기능	.291	.228	.221
	부모의 일에 대한 가치	-.214	.241	-.181
작업환경 요인	고용주 및 동료의 지지	-.058	.109	-.095

표 Ⅳ-1에서와 같이, 회귀분석을 통한 상대적 중요도는 표준화 베타의 절대 값에 따라 순서를 정하게 되는데, 직업유지에 영향을 미치는 요인 간의 상대적 중요도는 일반적 기능수준(.387), 가족기능(.221), 작업기능 수준(.217), 부모의 일에 대한 가치(.181), 고용주 및 동료의 지지(.095), 일에 대한 가치(.004) 순으로 나타났다.

이 결과를 바탕으로, 직업유지에 가장 중요한 영향을 미치는 것으로 나타난 일반적 기능수준을 다시 하위 요인으로 나누어, 하위 요인들의 상대적 중요도가 어떻게 나타나는지를 알아보고자 하였다. 일반적 기능수준의 하위 요인인 개인위생, 용모, 식습관, 주변정리, 일상생활, 건강관리, 금전관리를 독립변인으로 하고 고용주 만족도를 종속변인으로 하여, 입력 방식의 중다 회귀분석을 실시하였다. 분석 결과는 표 Ⅳ-2와 같다.

〈표 Ⅳ-2〉 고용주 만족도에 대한 일반적 기능수준 하위 요인의 상대적 중요도

	비표준화 계수		표준화 베타
	B	표준오차	
개인위생	.293	.324	.199
용 모	-.094	.191	-.115
식 습 관	-.013	.161	-.018
주변정리	.157	.147	.272
일상생활	-.062	.197	-.094
건강관리	.135	.133	.240
금전관리	.035	.106	.074

표 Ⅳ-2에서와 같이, 고용주 만족도에 대한 일반적 기능수준 하위 요인의 상대적 중요도는 표준화 베타의 절대 값에 따라, 주변정리(.272), 건강관리(.240), 개인위생(.199), 용모(.115), 일상생활(.094), 금전관리(.074), 식습관(.018)의 순으로 나타났다.

또한, 좀더 세부적인 분석을 위해서, 고용주 만족도를 네 가지 하위 요인으로 나눈 다음, 일반적 기능수준의 하위 요인들의 상대적 중요도를 각각 알아보았다. 이를 위해 일반적 기능수준의 하위 요인인 개인위생, 용모, 식습관, 주변정리, 일상생활, 건강관리, 금전관리를 독립변인으로 하고, 고용주 만족도의 하위 요인인 개인적 기술군, 사회적 기술군, 작업관련 기술군, 의사소통 기술군을 각각 종속변인으로 하여 입력 방식의 중다회귀분석을 실시하였다. 분석 결과는 표 Ⅳ-3, 표 Ⅳ-4, 표 Ⅳ-5, 표 Ⅳ-6과 같다.

〈표 Ⅳ-3〉 개인적 기술군에 대한 일반적 기능수준 하위 요인의 상대적 중요도

	비표준화 계수		표준화 베타
	B	표준오차	
개인위생	.417	.326	.280
용 모	-.240	.192	-.290

	비표준화 계수		표준화 베타
	B	표준오차	
식 습 관	-.051	.162	-.072
주변정리	.162	.148	.278
일상생활	-.077	.198	-.115
건강관리	.139	.134	.245
금전관리	.103	.107	.214

표 Ⅳ-3에서와 같이, 개인적 기술군에 대한 일반적 기능수준 하위 요인의 상대적 중요도는 표준화 베타의 절대 값에 따라, 용모(.290), 개인위생(.280), 주변정리(.278), 건강관리(.245), 금전관리(.214), 일상생활(.115), 식습관(.072)의 순으로 나타났다.

〈표 Ⅳ-4〉 사회적 기술군에 대한 일반적 기능수준 하위 요인의 상대적 중요도

	비표준화 계수		표준화 베타
	B	표준오차	
개인위생	.073	.409	.042
용 모	.093	.242	.098
식 습 관	.051	.203	.062
주변정리	.068	.186	.101
일상생활	-.128	.248	-.164
건강관리	.124	.168	.187
금전관리	-.024	.134	-.042

표 Ⅳ-4에서와 같이, 사회적 기술군에 대한 일반적 기능수준 하위 요인의 상대적 중요도는 표준화 베타의 절대 값에 따라, 건강관리(.187), 일상생활(.164), 주변정리(.101), 용모(.098), 식습관(.062), 금전관리(.042)와 개인위생(.042) 순으로 나타났다.

〈표 Ⅳ-5〉 작업관련 기술군에 대한 일반적 기능수준 하위 요인의 상대적 중요도

	비표준화 계수		표준화 베타
	B	표준오차	
개인위생	.587	.386	.343
용 모	-.210	.228	-.222
식 습 관	.012	.192	.015
주변정리	.151	.175	.227
일상생활	-.093	.235	-.122
건강관리	.096	.159	.148
금전관리	-.007	.127	-.014

표 Ⅳ-5에서와 같이, 작업관련 기술군에 대한 일반적 기능수준 하위 요인의 상대적 중요도는 표준화 베타의 절대 값에 따라, 개인위생(.343), 주변정리(.227), 용모(.222), 건강관리(.148), 일상생활(.122), 식습관(.015), 금전관리(.014)의 순으로 나타났다.

〈표 Ⅳ-6〉 의사소통 기술군에 대한 일반적 기능수준 하위 요인의 상대적 중요도

	비표준화 계수		표준화 베타
	B	표준오차	
개인위생	.094	.385	.049
용 모	-.020	.228	-.019
식 습 관	-.064	.191	-.070
주변정리	.246	.175	.327
일상생활	.048	.234	.056
건강관리	.181	.159	.247
금전관리	.070	.126	.113

표 Ⅳ-6에서와 같이, 의사소통 기술군에 대한 일반적 기능수준 하위 요인의 상대적 중요도는 표준화 베타의 절대 값에 따라, 주변정리(.327), 건강관리

(.247), 금전관리(.113), 식습관(.070), 일상생활(.056), 개인위생(.049), 용모(.019)의 순으로 나타났다.

2. 직업유지에 영향을 미치는 요인의 설명량

자폐성 장애인의 개인특성, 가정환경 및 작업환경의 하위 요인들이 직업 유지에 대해 어느 정도의 설명량을 지니는지를 알아보기 위해, 자폐성 장애 인의 일에 대한 가치, 일반적 기능수준, 작업기능 수준, 가족기능, 부모의 일 에 대한 가치, 고용주 및 동료의 지지를 독립변인으로 하고, 고용주 만족도 를 종속변인으로 하여 단계적 중다회귀분석을 실시하였다. 그리고 유의수준 .05에서 중다상관계수와 회귀계수의 통계적 유의성을 검증하였다. 단계적 중 다회귀분석 결과는 표 Ⅳ-7과 같다.

〈표 Ⅳ-7〉 직업유지에 영향을 미치는 요인

		중다 R	수정된 R^2	B	표준오차	표준화 베타	p
	상 수	.379	.122	1.962	.529		.001
개인특성 요인	일반적 기능수준			.357	.138	.379	.013
	일에 대한 가치					-.038	.832(ns)
	작업기능 수준					.168	.295(ns)

		중다 R	수정된 R^2	B	표준오차	표준화 베타	p
가정환경 요인	가족기능					.141	.378(ns)
	부모의 일에 대한 가치					-.106	.509(ns)
작업환경 요인	고용주 및 동료의 지지					.037	.818(ns)

표 Ⅳ-7에서 볼 수 있는 바와 같이, 자폐성 장애인의 개인특성, 가정환경 및 작업환경 요인의 하위 요인들이 직업유지에 어느 정도의 설명량을 지니는지를 알아본 결과, 개인특성 요인 중 자폐성 장애인의 일반적 기능수준이 고용주 만족도에 영향을 미치는 것으로 나타났으며(F=6.704, p〈.05), 설명량은 12.2%이다. 분석결과를 회귀식으로 나타내면,

"고용주 만족도=1.962+(0.357 × 일반적 기능수준)"이다.

독립변인으로 삼은 나머지 하위 요인들은 통계적 유의성 검증결과 유의하지 않은 것으로 나타났다.

이에 따라, 좀더 세부적인 분석을 시도하고자, 자폐성 장애인의 일에 대한 가치, 일반적 기능수준, 작업기능 수준, 가족기능, 부모의 일에 대한 가치, 고용주 및 동료의 지지를 독립변인으로 하고, 직업유지 요인인 고용주 만족도의 네 가지 하위 요인, 즉, 개인적 기술군, 사회적 기술군, 작업관련 기술군, 의사소통 기술군을 종속변수로 하여, 각각 단계적 중다회귀분석을 실시하였다. 그리고 유의수준 .05에서 중다상관계수와 회귀계수의 통계적 유의성을 검증하였다. 단계적 중다회귀분석 결과, 사회적 기술군과 작업관련 기술군에 영향을 미치는 하위 요인은 없는 것으로 나타났으며, 개인적 기술군에 영향을 미치는 하위 요인은 표 Ⅳ-8, 의사소통 기술군에 영향을 미치는 하위 요인은 표 Ⅳ-9와 같이 나타났다.

〈표 Ⅳ-8〉 개인적 기술군에 영향을 미치는 하위 요인

	중다 R	수정된 R^2	B	표준오차	표준화 베타	p
상 수	.334	.090	2.261	.544		.000
일반적 기능수준			.318	.142	.334	.030

표 Ⅳ-8에 나타난 바와 같이, 고용주 만족도의 하위 요인 중 개인적 기술군에 영향을 미치는 하위 요인은 일반적 기능수준으로 나타났으며(F=5.036, p〈.05), 설명량은 9%이다. 회귀식은 "개인적 기술군=2.261+(0.318 × 일반적 기능수준)"이다.

〈표 Ⅳ-9〉 의사소통 기술군에 영향을 미치는 하위 요인

	중다 R	수정된 R^2	B	표준오차	표준화 베타	p
상 수	.545	.279	.716	.626		.259
일반적 기능수준			.670	.163	.545	.000

표 Ⅳ-9에 나타난 바와 같이, 고용주 만족도의 하위 요인 중 의사소통 기술군에 영향을 미치는 하위 요인은 일반적 기능수준으로 나타났으며(F=16.892, p〈.05), 설명량은 27.9%이다.

자폐성 장애인의 개인특성, 가정환경 및 작업환경 하위 요인들이 직업유지 요인에 미치는 영향을 알아본 결과, 일반적 기능수준만이 유의한 영향을 미치는 것으로 나타났다. 일반적 기능수준은 다시 개인위생, 용모, 식습관, 주변정리, 일상생활, 건강관리, 금전관리의 일곱 가지 하위 요인으로 나뉜다. 그래서 일반적 기능수준의 일곱 가지 하위 요인을 독립변인으로 하고 고용주 만족도를 종속변인으로 하여, 단계적 중다회귀분석을 실시하였다. 그리고 유의수준 .05에서 중다상관계수와 회귀계수의 통계적 유의성을 검증하였다. 단계적 중다회귀분석 결과, 주변정리 요인이 고용주 만족도에 영향을 미치

는 것으로 나타났으며, 그 결과는 표 Ⅳ-10과 같다.

〈표 Ⅳ-10〉 고용주 만족도에 영향을 미치는 일반적 기능수준의 하위 요인

	중다 R	수정된 R^2	B	표준오차	표준화 베타	p
상 수	.392	.133	2.455	.330		.000
주변정리			.075	.028	.392	.010

표 Ⅳ-10에 나타난 바와 같이, 고용주 만족도에 영향을 미치는 일반적 기능수준의 하위 요인은 주변정리로 나타났으며(F=7.275, p〈.05), 설명량은 13.3%이다. 회귀식은 "고용주 만족도=2.455+(0.07527 × 주변정리)"이다.

또한, 좀더 세부적인 분석을 시도하고자, 개인위생, 용모, 식습관, 주변정리, 일상생활, 건강관리, 금전관리의 일곱 가지 하위 요인을 독립변인으로 하고, 고용주 만족도의 네 가지 하위 요인, 즉, 개인적 기술군, 사회적 기술군, 작업관련 기술군, 의사소통 기술군을 종속변수로 하여, 각각 단계적 중다회귀분석을 실시하였다. 그리고 유의수준 .05에서 중다상관계수와 회귀계수의 통계적 유의성을 검증하였다. 단계적 중다회귀분석 결과, 사회적 기술군에 영향을 미치는 요인은 없는 것으로 나타났으며, 개인적 기술군에 영향을 미치는 하위 요인은 표 Ⅳ-11, 작업관련 기술군에 영향을 미치는 하위 요인은 표 Ⅳ-12, 의사소통 기술군에 영향을 미치는 하위 요인은 표 Ⅳ-13과 같이 나타났다.

〈표 Ⅳ-11〉 개인적 기술군에 영향을 미치는 일반적 기능수준의 하위 요인

	중다 R	수정된 R^2	B	표준오차	표준화 베타	p
상 수	.337	.092	2.720	.340		.000
주변정리			.065	.029	.337	.029

표 Ⅳ-11에 나타난 바와 같이, 개인적 기술군에 영향을 미치는 일반적

기능수준의 하위 요인은 주변정리로 나타났으며(F=5.138, p〈.05), 설명량은 9.2%이다. 회귀식은 "개인적 기술군=2.720+(0.06535 × 주변정리)"이다.

〈표 Ⅳ-12〉 작업관련 기술군에 영향을 미치는 일반적 기능수준의 하위 요인

	중다 R	수정된 R^2	B	표준오차	표준화 베타	p
상 수	.321	.081	.845	1.212		.490
개인위생			.548	.256	.321	.038

표 Ⅳ-12에 나타난 바와 같이, 작업관련 기술군에 영향을 미치는 일반적 기능수준의 하위 요인은 개인위생으로 나타났으며(F=4.597, p〈.05), 설명량은 8.1%이다.

〈표 Ⅳ-13〉 의사소통 기술군에 영향을 미치는 일반적 기능수준의 하위 요인

	중다 R	수정된 R^2	B	표준오차	표준화 베타	p
상 수	.504	.236	1.814	.404		.000
주변정리			.126	.034	.504	.001

표 Ⅳ-13에 나타난 바와 같이, 의사소통 기술군에 영향을 미치는 일반적 기능수준의 하위 요인은 주변정리로 나타났으며(F=13.648, p〈.05), 설명량은 23.6%이다. 회귀식은 "의사소통 기술군=1.814+(0.126 × 주변정리)"이다.

이상의 결과를 요약하면, 자폐성 장애인의 개인특성, 가정환경 및 작업환경 하위 요인이 직업유지에 영향을 미치는 요인은 개인특성 요인 중 일반적 기능수준임을 알 수 있으며, 일반적 기능수준의 고용주 만족도에 대한 설명량은 12.2%였다. 세부적 분석을 위하여 종속변인인 고용주 만족도를 네 가지 하위 요인으로 나누어, 각각 단계적 회귀분석을 실시한 결과, 사회적 기술군과 작업관련 기술군에 영향을 미치는 요인은 없는 것으로 나타났으며, 개인적 기술군과 의사소통 기술군에 영향을 미치는 요인은 모두 일반적 기능수준

으로 각각 9%와 27.9%의 설명량을 지녔다. 일반적 기능수준만이 유의한 영향을 나타냈으므로, 이를 다시 일곱 가지 하위 요인으로 나누어 독립변인으로 삼고, 고용주 만족도를 종속변인으로 삼아 분석한 결과, 주변정리 요인이 고용주 만족도에 대해 13.3%의 설명량을 지님을 알 수 있었다. 다시, 종속변인인 고용주 만족도를 네 가지 하위 요인으로 나누어 각각 분석한 결과, 작업 관련 기술군에 영향을 미치는 요인은 개인위생으로 8.1%의 설명량을 지녔으며, 개인적 기술군과 의사소통 기술군에 영향을 미치는 요인은 모두 주변정리로, 각각 9.2%와 23.6%의 설명량을 지닌 것으로 나타났다.

3.
직업유지 요인 간의 상관관계와 확률

자폐성 장애인의 개인특성, 가정환경, 작업환경, 직업유지 하위 요인 간에 상호관계가 있는지를 확인하기 위해 유의수준 .05에서 피어슨 상관분석을 실시하였다. 각 하위 요인들 간의 상관계수는 표 Ⅳ-14와 같았다.

표 Ⅳ-14에서 볼 수 있는 바와 같이, 직업유지 요인인 고용주 만족도와 유의한 상관관계를 나타낸 요인은 일반적 기능수준(r=.379, p⟨.01)인 것으로 나타났다. 나머지 요인에서는 유의한 상관관계가 나타나지 않았다.

자폐성 장애인의 개인특성, 가정환경 및 작업환경 하위 요인이 직업유지에 영향을 미치는 확률을 알아보기 위하여, 일반적 기능수준과 고용주 만족도의 상관계수 .379를 '일상용어로 표현된 효과성 지수'로 산출한 결과, .624였다. 이는 일반적 기능수준이 높은 자폐성 장애인이 고용주 만족도도 높을 확률이 62.4%라는 의미이다.

〈표 Ⅳ-14〉 개인특성, 가정환경, 작업환경, 직업유지 요인 간 상관계수

	일에 대한 가치	일반적 기능 수준	가족 기능	부모의 일에 대한 가치	작업 기능 수준	고용주 및 동료의 지지	고용주 만족도
일에 대한 가치	–	.550**	.433**	.646**	.013	.094	.182
일반적 기능수준		–	.367*	.443**	.110	.322*	.379*
가족기능			–	.385*	-.080	.143	.261
부모의 일에 대한 가치				–	.029	.000	.080
작업기능 수준					–	.431**	.196
고용주 및 동료의 지지						–	.154
고용주 만족도							–

* p〈.05, ** p〈.01

　자폐성 장애인의 개인특성, 가정환경, 작업환경의 전체 하위 요인 간의 상관관계를 살펴보면, 일에 대한 가치와 유의한 상관관계를 보인 것은 일반적 기능수준(r=.550, p〈.01)과 가족기능(r=.433, p〈.01) 및 부모의 일에 대한 가치(r=.646, p〈.01)로 나타났다. 일반적 기능수준과 유의한 상관관계를 보인 것은 가족기능(r=.367, p〈.05), 부모의 일에 대한 가치(r=.443, p〈.01), 고용주 및 동료의 지지(r=.322, p〈.05), 고용주 만족도(r=.379, p〈.01)로 나타났다. 가족기능과 유의한 상관관계를 보인 것은 부모의 일에 대한 가치(r=.385, p〈.01)로 나타났다. 작업기능 수준과 유의한 상관관계를 보인 것은 고용주 및 동료의 지지(r=.431, p〈.01)로 나타났다.

　이를 다시 확률개념으로 살펴보기 위하여, '일상용어로 표현된 효과성 지수'를 산출하였다. 먼저, 일에 대한 가치와 일반적 기능수준, 가족기능, 부모의 일에 대한 가치의 상관계수 .550, .433, .646은 각각 .685, .641, .725로 나타났다. 이는 일에 대한 가치가 높은 자폐성 장애인일수록 일반적 기능수준이 높을 확률이 68.5%, 가족기능이 높을 확률이 64.1%, 부모의 일에 대한

가치가 높을 확률이 72.5%임을 의미한다. 다음으로, 일반적 기능수준과 가족 기능, 부모의 일에 대한 가치, 고용주 및 동료의 지지와의 상관계수 .367, .443, .322는 각각 .621, .645, .604로 나타났다. 이는 일반적 기능수준이 높은 자폐성 장애인이 가족기능이 높을 확률이 62.1%, 부모의 일에 대한 가치가 높을 확률이, 64.5%, 고용주 및 동료의 지지가 높을 확률이 60.4%임을 의미한다. 또한, 가족기능과 부모의 일에 대한 가치의 상관계수 .385는 .628로 나타났으며, 이는 가족기능이 높은 자폐성 장애인이 부모의 일에 대한 가치가 높을 확률이 62.8%임을 의미한다. 그리고 작업기능 수준과 고용주 및 동료의 지지 사이의 상관계수 .431은 .641로 나타났으며, 이는 작업기능 수준이 높은 자폐성 장애인이 고용주 및 동료의 지지가 높게 나타날 확률이 64.1%임을 의미한다.

자폐성 장애인의 개인특성, 가정환경 및 작업환경 하위 요인이 직업유지에 영향을 미치는 확률을 알아본 결과, 일반적 기능수준만이 고용주 만족도와 유의미한 상관관계를 나타냈다. 이에 따라, 일반적 기능수준의 하위 요인 일곱 가지와 고용주 만족도와의 상관을 알아보고, 다시 고용주 만족도를 네 가지 하위 요인으로 나누어 상관을 알아보았다. 이를 위하여 유의수준 .05에서 피어슨 상관분석을 실시하였다. 일반적 기능수준의 하위 요인 일곱 가지와 고용주 만족도와의 상관계수는 표 Ⅳ-15와 같다.

표 Ⅳ-15에서 볼 수 있는 바와 같이, 고용주 만족도와 유의한 상관관계를 나타낸 일반적 기능수준의 하위 요인은 주변정리(r =.392, p〈.05)와 건강 관리(r =.339, p〈.05)인 것으로 나타났다. 나머지는 유의한 상관관계가 나타나지 않았다.

주변정리 요인과 건강관리 요인의 고용주 만족도와의 상관계수 .392와 .339를 '일상용어로 표현된 효과성 지수'로 산출해 보면, 각각 .628과 .610이다. 이는 주변정리와 건강관리가 높은 자폐성 장애인이 고용주 만족도가 높을 확률이 각각 62.8%와 61.0%라는 의미이다.

〈표 Ⅳ-15〉 일반적 기능수준의 하위 요인 및 고용주 만족도의 상관계수

요 인	개인 위생	용 모	식습관	주변 정리	일상 생활	건강 관리	금전 관리	고용주 만족도
개인위생	–	.633**	.154	.488**	.161	.164	-.019	.279
용 모		–	.365*	.567**	.339*	.468*	.247	.258
식 습 관			–	.628**	.685**	.519*	.446**	.235
주변정리				–	.615**	.559*	.308*	.392*
일상생활					–	.695**	.682*	.272
건강관리						–	.564**	.339*
금전관리							–	.190
고용주 만족도								–

* p〈.05, ** p〈.01

일반적 기능수준의 하위 요인 간 상관계수를 살펴보면, 먼저, 개인위생과 유의미한 상관관계를 나타낸 것은 용모(r=.633, p〈.01), 주변정리(r=.488, p〈.01)였으며, 이를 효과성 지수로 보면, 개인위생이 높을수록 용모가 높을 확률이 71.7%, 주변정리가 높을 확률이 66.3%임을 의미한다. 용모와 유의미한 상관관계를 나타낸 것은 식습관(r=.365, p〈.05), 주변정리(r=.567, p〈.01), 일상생활(r=.339, p〈.05), 건강관리(r=.468, p〈.05)였으며, 이를 효과성 지수로 보면, 용모가 높을수록 식습관이 높을 확률이 62.1%, 주변정리가 높을 확률이 69.3%, 일상생활이 높을 확률이 61.0%, 건강관리가 높을 확률이 65.6%임을 의미한다.

또한, 식습관과 유의미한 상관관계를 나타낸 것은 주변정리(r=.628, p〈.01), 일상생활(r=.685, p〈.01), 건강관리(r=.519, p〈.05), 금전관리(r=.446, p〈.01)였으며, 이를 효과성 지수로 보면, 식습관이 높을수록 주변정리가 높을 확률이 71.7%, 일상생활이 높을 확률이 74.2%, 건강관리가 높을 확률이 67.4%, 금전관리가 높을 확률이 64.9%임을 의미한다. 또한, 주변정리와 유의미한 상관관계를 나타낸 것은 일상생활(r=.615, p〈.01), 건강관리(r

=.559, p〈.05), 금전관리(r=.308, p〈.05)였으며, 이를 효과성 지수로 보면, 주변정리가 높을수록 일상생활이 높을 확률이 71.3%, 건강관리가 높을 확률이 68.9%, 금전관리가 높을 확률이 60.0%임을 의미한다.

또한, 일상생활과 유의미한 상관관계를 나타낸 것은 건강관리(r=.695, p〈.01), 금전관리(r=.682, p〈.05)였으며, 이를 효과성 지수로 보면, 일상생활이 높을수록 건강관리가 높을 확률이 74.7%, 금전관리가 높을 확률이 73.8%임을 의미한다.

그리고 건강관리와 유의미한 상관관계를 나타낸 것은 금전관리(r=.564, p〈.01)였으며, 이를 효과성 지수로 보면, 건강관리가 높을수록 금전관리가 높을 확률이 68.9%임을 의미한다.

일반적 기능수준의 하위 요인과 고용주 만족도의 하위 요인 간의 상관관계를 살펴보고 유의미한 상관을 나타낸 것만 정리해 보면, 표 Ⅳ-16과 같다.

〈표 Ⅳ-16〉 일반적 기능수준의 하위 요인 및
고용주 만족도의 하위 요인 간 상관계수

	개인적 기술	사회적 기술	작업관련 기술	의사소통 기술
개인위생			.321[*]	
용 모				.335[*]
식습관				.354[*]
주변정리	.337[*]			.504[*]
일상생활				.460[*]
건강관리	.314[*]			.496[*]
금전관리				.355[*]
개인적 기술	–	.592[**]	.842[**]	.782[*]
사회적 기술		–	.579[**]	.437[*]
작업관련 기술			–	.723[*]
의사소통 기술				–

* p〈.05, ** p〈.01

표 Ⅳ-16에서 볼 수 있는 바와 같이, 개인적 기술과 유의미한 상관관계를 나타낸 것은 주변정리(r=.337, p〈.05)와 건강관리(r=314, p〈.05)였으며, 이를 '일상용어로 표현된 효과성 지수'로 보면, 주변정리가 높은 자폐성 장애인이 개인적 기술도 높을 확률이 61.0%, 건강관리가 높은 자폐성 장애인이 개인적 기술도 높을 확률이 60.0%임을 의미한다. 또한, 사회적 기술과 유의미한 상관관계를 나타낸 일반적 기능수준의 하위 요인은 없는 것으로 나타났으며, 작업관련 기술과 유의미한 상관관계를 나타낸 하위 요인은 개인위생(r=.321, p〈.05)이었다. 이는 개인위생이 높은 자폐성 장애인이 작업관련 기술이 높을 확률이 60.4%임을 의미한다. 또한, 의사소통 기술과 유의미한 상관관계를 나타낸 것은 용모(r=.335, p〈.05), 식습관(r=.354, p〈.05), 주변정리(r=.504, p〈.05), 일상생활(r=.460, p〈.05), 건강관리(r=.496, p〈.05), 금전관리(r=.355, p〈.05)였다. 이는 각각 용모가 높은 자폐성 장애인이 의사소통 기술이 높을 확률이 61.0%, 식습관이 높은 자폐성 장애인이 의사소통 기술이 높을 확률이 61.4%, 주변정리가 높은 자폐성 장애인이 의사소통 기술이 높을 확률 66.7%, 일상생활이 높은 자폐성 장애인이 의사소통 기술이 높을 확률 65.2%, 건강관리가 높은 자폐성 장애인이 의사소통 기술이 높을 확률 66.7%, 금전관리가 높은 자폐성 장애인이 의사소통 기술이 높을 확률 61.7%임을 의미한다.

고용주 만족도의 하위 요인 간 상관관계를 보면, 개인적 기술과 유의미한 상관을 나타낸 것은 사회적 기술(r=.592, p〈.01), 작업관련 기술(r=.842, p〈.01), 의사소통 기술(r=.782, p〈.05)로, 이는 각각 개인적 기술이 높으면 사회적 기술이 높을 확률이 70.1%, 작업관련 기술이 높을 확률이 81.7%, 의사소통 기술이 높을 확률이 74.7%임을 의미한다. 또한 사회적 기술과 유의미한 상관을 나타낸 것은 작업관련 기술(r=.579, p〈.01), 의사소통 기술(r=.437, p〈.05)로, 이는 각각 사회적 기술이 높으면 작업관련 기술이 높을 확률이 69.7%, 의사소통 기술이 높을 확률이 64.5%임을 의미한다. 그리고 작업관련 기술과 유의미한 상관을 나타낸 것은 의사소통 기술(r=.723, p

〈.05)로, 작업관련 기술이 높으면 의사소통 기술이 높을 확률이 75.6%임을
의미한다.

4.
직업유지 요인에 대한 교사들의 견해

이 연구에서는 질적 연구의 방법으로 심층면담을 실시하였다. 심층면담은
이 연구의 주요 정보제공자인 정서장애학교 취업지도 담당교사 4명을 대상
으로 이루어졌다. 연구에 참여한 4명의 교사는 자폐성 장애인과 부모, 고용
주와 동료는 물론 관련 직업재활 서비스 기관과의 긴밀한 협력을 통해 자폐
성 장애인의 직업적 성공을 위해 결정적인 역할을 하고 있었다. 4명의 교사
모두 자폐성 장애인이 정서장애학교에서 전환을 준비하는 단계에서부터 고
등부나 전공과, 혹은 직업전담반을 담당함으로써 취업을 위한 전환교육을
담당해 왔으며, 약 1개월~3개월에 이르는 현장 직무지도를 실시해 왔다. 현
장 직무지도 과정에서 가정과 직업현장과의 연계 지도를 실시하였고, 같은
직업현장으로 매년 지속적인 졸업생의 취업이 이루어지거나 정기적인 사후
지도를 실시하고 있었다. 심층면담의 결과를 바탕으로, 양적 연구의 결과에
대한 교사들의 견해를 개인특성 요인, 가정환경 요인, 작업환경 요인으로 나
누어 정리하고, 그 외에 교사들이 자폐성 장애인의 직업유지를 위해 중요하
다고 생각하는 바를 정리하였다. (부록 Ⅷ 참조)

1) 개인특성 요인에 대한 교사들의 견해

교사들은 개인특성 요인 중 일반적 기능수준 요인이 직업유지의 핵심적 기초요인이며, 고용주 및 동료의 인식과 태도에 영향을 주기 때문에, 자폐성 장애인에 대한 독립기능과 직업소양교육이 중요하다고 하였다. (부록 Ⅷ-1 참조)

첫째, 교사들은 일반적 기능수준이 직업세계로의 진입과 유지에 있어서 가장 기본적이고 핵심적인 요인임을 강조하였다. 또한, 일반적 기능수준이 높으면 다른 제반의 기능수준도 높은 경우가 많으며, 실제 자폐성 장애인의 고용과 관련된 직업현장에서는 작업기능보다 일반적 기능수준의 문제로 인하여 퇴사를 하게 되는 경우가 많았다고 하였다.

D교사: 아주 기본적이라고 할 수 있죠. 제가 직업 지도하고 사후지도를 한 결과 자폐 학생들은 한 분야에서 뛰어나기 때문에, 고기능 자폐라서……직장 속에서 직장 적응을 통하여 적응시켜 훈련하면 할 수 있는 일이고 계속적인 훈련을 통해 일반인 수준까지 숙련할 수 있죠. 그래서 작업기능은 큰 문제가 되지 않죠. 문제되는 것은 개인적인 위생이나 용모 식습관, 일상생활, 주변정리 때문에 퇴사를 할 적이 많죠. 예를 들면 작업을 하다가 괴성과 남을 공격, 자리이탈(가출)을 하는 경우, 몸에 지독한 냄새가 나서 남에게 혐오감을 주게 되고, 기숙사 생활에서 양말, 옷 같은 걸 세탁하지 않아 기숙실이 악취가 나고, 작업을 마치면 기계, 전기 같은 거 주변정리가 안 되는 경우가 많거든요. 한번은, 기숙사가 있는 회사에 갔어요. 그런데 양말을 빨지를 않아요, 러닝이나 팬티를 갈아입지를 못해요. 그러다 보니까 냄새가 나고 짜증스럽잖아요. 이를 닦는다든지 머리를 꾸민다든지 이런 기본적인 게 안 될 수 있다는 것이죠. 만약에 기숙사 같은 경우는 그런 문제가 커요. 퇴사로 이어지는 거죠.

둘째, 교사들은 고용주나 동료의 관점에서 보았을 때, 자폐성 장애인을 고용해서 이윤창출을 기대하기보다는 회사의 이미지나 원만한 직장 적응 및 직업유지를 위해서 일반적 기능수준을 중요하게 여긴다고 하였다. 개인위생, 용모, 식습관, 주변정리 등의 일반적 기능수준은 자폐성 장애인을 바라보는 고용주나 동료의 이미지 제고 차원에서 중요한 역할을 하게 된다고 하였다.

> A교사: 고용주 입장에서 보면 고용주는 고용하려고 마음먹고 했는데, 장애인이 어떤 태도를 보이느냐에 따라, 인사도 안 하고 머리도 안 감고, 주변정리도 안 하고 그러면 정나미가 떨어지게 되지. 기능은 높아도 지저분하고 자기관리가 안 되면 계속 고용유지가 안 돼요. 고용주는 일단 보이는 부분을 중요시한다고······작업환경이 깨끗하고, 식습관도 그렇고 개인위생이나 그런 부분들, 가장 중요한 것은 직업기능이 아니라 태도였다 이거지······기능은 어차피 단순한 영역으로 가기 때문에 많은 부분들을 요구하는 것은 아니란 이야기지······

셋째, 교사들은 자폐성 장애인의 직업유지에서 일반적 기능수준이 중요한 이유로, 독립적인 기능이 갖추어져야 기본적인 직장생활을 영위할 수 있고, 직장인으로서의 성실성이나 예절, 대인관계 등의 소양 교육이 중요하며, 의사소통이나 문제행동에 대한 교육이 필요하다고 하였다.

> A교사: 고용주는 자폐성 장애인을 채용하는 업체의 대부분은 특별한 기능을 요구하는 것보다는 단순한 기능을 꾸준히 성실하게 하기를 원합니다. 그리고 일반인의 도움 없이 직장생활이 가능할 수 있도록 일반적인 기능이 높은 장애인을 선호합니다.
>
> 개인 생활의 독립성, 대중교통의 이용이라든가, 이동문제 오리엔티어링 문제가 해결 안 되면 독립적 취업이 어려운 문제다. 장애인 취업의 가장 중요한 부분은 직업기능이 아니라 태도 부분이다.

> B교사: 그리고 보이는 것 다음으로 경험이겠죠. 서로의 관계말입니다. 상사로

서 동료로서 유대관계를 맺는 데 필요한 의사소통, 사회성, 정서적인 반응 등등을 보겠죠. 그런 다음에 작업과 관련된 기능을 보고 그다음으로 나머지 요인을 보겠죠. 어떻게 보면 특수교사로서 보는 입장과 별 차이가 없다고 봐요.

교사들은 일반적 기능수준이 다른 요인들보다 상대적으로 중요하게 나온 원인에 대해서, 현재 장애인을 고용하고 있는 업체 고용주들의 긍정적 인식과 태도, 이미 직업을 유지하고 있는 자폐성 장애인의 전반적 기능수준이 어느 정도 직업생활에 적응능력이 있는 대상들이라는 점, 고용 장려금 등 지원정책의 생산성에 대한 보상효과, 단순조립이나 청소 및 제과·제빵 등, 현재 고용되어 있는 업체의 직무의 특성을 반영하고 있다는 점 등을 들었다.

C교사: 자폐성향을 가진 장애인에 대한 상대적인 기대심리의 축소적인 요인과, 현재 고용하고 있는 업체의 특성상, 장애인 관련 업체(○○, ○○의 ○) 및 장애인을 가족으로 둔 업체(○○)여서, 장애인의 사회·기능적인 능력을 일차적으로 접고 생각함이 주요인이 아닌가 생각합니다.

D교사: 일상생활, 출퇴근이 안 된다, 기본처리가 안 된다, 그렇다면 감독을 붙여야 되는데……장애인 취업하게 되면 고용 장려금을 받게 되기 때문에, 작업기능 자체가 크게 문제되지는 않아요. 고기능 자폐기 때문에, 그리고, 직업평가를 통해서 미리 선발한 아이들이기 때문에, 일반인의 60-70%까지는 도달되고……고용 장려금 있고, 그래서 회사에서 마이너스 될 일은 없다는 거죠.

교사들은 일반적 기능수준의 하위 요인의 영향과 상대적 중요도에 대해서 대체로 동의하는 경향을 보였다. 교사들은 일부를 제외한 대부분의 직업유지 자폐성 장애인이 기본적인 개인위생이나 식습관 등의 기능은 이미 습득하고 있다고 하였으며, 금전관리 등은 부모가 그 역할을 대신해 주는 경우가 많아 그다지 중요한 고려요소가 아닐 수 있다는 점을 지적하였다.

> C교사: 주변정리와 같은 회사에서 꼭 필요한 기능을 수행하는 기본 능력을 갖
> 춘 경우와 대인관계 및 의사소통이 원활하지 않아 간과하기 쉬운 건강
> 관리적인 측면에서 고용주가 갖는 관심은 당연할 것이며, 이를 갖춘
> 사람과 갖추지 못한 사람을 차별하는 것은 당연한 일이라 생각합니다.

교사들은 주변정리 요인이 중요하게 나타난 연구 결과에 대해서, 대상자들의 직종이 단순조립이나 청소 및 위생관련 직종에 편중되어 있어, 작업현장에서 가장 기본적인 요인이 되기 때문이라고 하였다. 또한, 주변정리가 원활하지 않을 경우, 동료 근로자들의 협조가 필요하게 되거나 작업장의 효율적 관리가 곤란하게 되기 때문에 중요한 요인임을 지적하였다.

> C교사: 일반적으로 제과 공장 내부에서는 다양한 직무를 수행하게 되는데, 직
> 원들은 상호 간섭 없이 자기에게 주어진 일에만 전념하게 된다. 발달
> 장애인도 작업 지시에 의해 주어진 직무를 수행하지만 지시되고, 주어
> 진 일만 처리하는 것이 대부분의 현장 상황이다. 작업이 끝난 용기나
> 주변에 떨어진 이물질을 제거하여 청결을 유지하는 것이 이러한 업무
> 를 수행하는 회사의 기본 직무라고 생각할 때(한마디로 비숙련된 경우
> 와 마찬가지의 경우라고 생각한다), 정리정돈의 관점에서 볼 때 이 기
> 능은 매우 중요하고도 필요한 기능이라고 생각한다.

교사들은 건강관리 요인에 대해서, 직업생활을 유지하고 있는 자폐성 장애인이 대체적으로 건강하다는 점을 제시하면서도, 고용주의 입장에서는 안전사고에 대한 염려, 건강문제로 인한 결근에 대한 우려, 간질 등의 특이한 건강상의 문제에 대한 우려가 있을 수 있다는 점을 강조하였다. 또한, 8시간 이상의 노동시간 동안 지속적인 작업이 가능할 만큼의 체력이 요구되고, 작업시간 동안 이석행동을 줄이기 위해서는 건강관리를 위한 교육이나 관련 프로그램이 제공되어야 한다고 하였다. 한편, 일부 교사는 특정한 자폐성 장애인의 경우 식습관의 문제로 인해 직장에서의 불화가 생기는 경우를 언급

하면서 이에 대한 지도를 강조한 경우도 있었다.

> A교사: 건강관리는 노동 시간의 지속성과 관계가 깊습니다. 또한 자폐성 장애
> 인의 작업기능이 단순하므로 체력을 요구하는 기능이 많아요. 학교 수
> 업에서 다음 세대로 넘어갈 때, 8시간 노동으로 가는데……그래서 엄
> 마들에게도 퇴근 후에 수영장을 간다거나 하는 식으로 프로그램을 짜
> 라고 이야기를 합니다. 몸이 약해 버리면 스트레스로 연결되고, 8시간
> 노동을 1년 사철 버텨야 하기 때문에……

교사들은 작업기능 수준 요인에 대해서, 취업대상 선발과정에서 기본적인
작업기능을 갖춘 자폐학생을 선발한다는 것과 취업 현장의 직무가 단순한
편이라는 점, 작업기능 숙련가능성이 높다는 점, 고용주의 낮은 생산성에 대
한 우호적 태도, 고용 장려금과 같은 각종 지원책의 보상효과, 실습 및 취업
과정에서 교사의 지도를 통한 숙련도 향상 등을 들어, 기본적인 요인이긴
하지만 상대적으로 직업유지에 큰 문제가 되지는 않는다고 하였다. (부록 Ⅷ
-2 참조)

> D교사: 고기능 자폐라서……직장 속에서 직장 적응을 통하여 적응시켜 훈련하
> 면 할 수 있는 일이고 계속적인 훈련을 통해 일반인 수준까지 숙련할
> 수 있죠. 그래서 작업기능은 큰 문제가 되지 않죠……장애인 취업하게
> 되면 고용 장려금을 받게 되기 때문에, 작업기능 자체가 크게 문제되
> 지는 않아요. 고기능 자폐기 때문에, 그리고, 직업평가를 통해서 미리
> 선발한 아이들이기 때문에, 일반인의 60-70%까지는 도달되고……고
> 용 장려금 있고, 그래서 회사에서 마이너스 될 일은 없다는 거죠……
> 취업되는 아이들은 기본적으로 고기능 자폐 아이들이기 때문에 특정
> 부분에서 작업기능이 높고, 조립이든 서비스이든 작업기능은 떨어지지
> 않다고 생각합니다…… 고기능 자폐는 직업평가를 통해서, 직업적응을
> 통해서, 예를 들어서, 서비스면 딱 맞는구나. 조립이면 참 뛰어나구나
> 라고 판단합니다. 결국은 보상과 지지를 얼마나 잘해 주느냐에 따라서

직업유지가 결정돼요…… 지원고용 때는 20일 정도 매일같이 작업해 주고, 현장 여건상 일주일에 한 번 정도 현장 나가서 4시간이나 6시간, 8시간까지 점차 연장시켜 가면서 훈련시켜요. 선생님이 이렇게 하고 있구나. 모델링을 통해서 아이들이 작업하는 것도 배우고, 직장 적응하는 것도 배우고……

일에 대한 가치 요인에 대해서, 교사들은 자폐성 장애인 당사자들이 일에 대한 가치를 인식하는 능력이 부족한 경우, 표현상의 문제로 판단이 어려운 경우, 일을 중요하게 생각하는 경우 등을 언급하였다. 또한, 자폐성 장애인의 경우 일에 대한 가치를 부모나 교사들에 의해 수동적으로 받아들이는 경우가 많고, 직업생활에 대한 틀이 형성되기까지 오랜 시간이 걸리기 때문에, 자폐성 장애인에게 일과 직업세계에 대한 구조화된 접근을 해 줄 필요가 있음을 제시하였다. (부록 Ⅷ-3 참조)

A교사: 본인의 일에 대한 가치가 낮게 나오는 거는, 자폐성 장애 아이들이 언어적 표현이나 세심한 감정표현을 못 하니깐 그렇게 나올 수 있습니다……자폐성 장애아의 특징은, 어떤 한 체제를 받아들이는 순간 행복해집니다. 일단 받아들이기가 어렵지 받아들이면 쉬워져요……아이들한테 맞는 직업의 틀을 만들어 주느냐 아니냐에 성패가 달려 있다고 할 수 있어요. 그것이 자기 가치기준에 맞으면 받아들이게 되는 것이고, 아니면 그만두는 겁니다……자폐 아이들은 틀을 만들어 주는 과정이 굉장히 오래 걸립니다.

2) 가정환경 요인에 대한 교사들의 견해

먼저, 교사들은 가족기능 요인에 대해, 가족의 지원 측면과 가족의 기능 측면에서 자폐성 장애인의 직업유지에 매우 중요한 역할을 하고 있는 것으로

응답하였다. (부록 Ⅷ-4 참조)

첫째, 교사들은 가족기능 요인이 자폐성 장애인의 직업유지에 매우 중요한 역할을 하는 것으로 보고 있었는데, 고용주나 직장동료들과의 의사소통 및 관계형성에서 가족의 적절한 지원이 필요하다는 점을 강조하였다. 교사들은 자폐성 장애인이 직업세계로 진입하는 과정과 원만하게 직장생활을 영위하는 데 가족의 역할이 결정적이며, 가족 지원이 원활하지 않을 경우, 퇴사나 이직에 이르게 된다고 하였다.

> A교사: 가족이 적절하게, 상황변화에 맞게 지원을 해 주어야 합니다. 가족의 마인드가 취업상황을 인정하고 지원해 줘야지 학교만으로는 안 됩니다. 가족기능이 중요한 이유는, 고용을 유지하기 위해서는 자폐성 장애인이 스스로 의사 표현을 제대로 정확하게 못 하기 때문에, 고용주와 부모관계 속에서 풀어야 한다는 겁니다. 그리고 가족이 고용을 유지하기 위한 적극적인 지원을 해 줘야 장기고용으로 갈 수 있다고 생각합니다. 역으로 부모의 무관심이……환경 변화에 대한 가족 지원이 부족해서 해고를 당하는 경우도 많이 있습니다. 실제로 업주와의 관계에서도 부모의 관심 여부가 고용유지를 결정짓는다. ○○의 경우를 봐도 부모의 관심이 어느 정도냐 지원을 어느 정도 해 주느냐에 따라 고용주의 인식 자체가 달라집니다.
>
> 동료관계도 절대적인데, 지원고용담당자나 가족이 나서서 풀어야 할 문제예요. 부모가 가서 밥을 한 번씩 산다든가, 경조사를 챙긴다거나 껌을 돌린다든가 하는 방식으로 대인관계 조정을 해 주어야 합니다.

둘째, 교사들은 자폐성 장애인이 직장생활을 영위하는 데 있어서, 직장 내부에서보다는 가정에서 스트레스를 표출하는 경우가 많고, 반대로 가정에서의 문제가 직장생활에 영향을 미치기도 하기 때문에, 정서적 관여·정서적 반응·의사소통·문제해결·역할·행동통제·일반적 기능 등, 가족기능이 원활해야 자폐성 장애인의 일에 대한 가치나 직장적응능력이 향상시킬 수 있음을 강조하였다.

> C교사: 기타 가족기능은 장애인에게 정신적 신체적 발달의 중심이 가정이고, 가족적인 상황에서 많이 이루어진다고 보면, 정서적인 요인이 많이 작용하는 자폐성 장애인에게 가족적인 요인은 매우 중요하고, 이게 회사생활에도 직·간접적인 요인으로 많이 작용하리라 생각합니다. 가정에서 문제가 있었던 다음날, 학생 상황은 상당히 신경질적이고 직무도 태만해집니다. 그리고 대인관계에도 많은 영향을 끼치게 됩니다.
> 　부모의 학생에 대한 가치 변화를 유도할 수 있는 면, 학생들이 안정적으로 실습환경이나 직장환경에 적응할 수 있도록 협조적인 가족기능이 필요합니다.

가족기능이 상대적 중요도에서 두 번째 순서로 중요하게 나타난 결과에 대해, 교사들은 대체적으로 일반적 기능수준 다음으로 중요한 요인이 가족기능이라는 것에 동의하였다. 또한, 유의미한 영향을 미치지 못한 것으로 나타난 결과에 대해서는, 대상 자폐성 장애인의 가정이 이미 가족기능이 원활하고, 적극적인 지원을 실시하고 있는 점을 지적하였다.

다음으로, 교사들은 자폐성 장애인 부모의 일에 대한 가치 요인에 대해서, 직업생활을 통한 삶의 질에 관심을 두고 있으며, 과잉보호나 현실적 두려움으로 인해 직업세계로의 진입을 꺼리는 경우와 지나치게 자녀에 대한 기대치가 높아 고용을 유지하지 못하는 경우 등을 언급함으로써, 자폐성 장애인 부모의 일에 대한 가치가 자폐성 장애인의 직업유지에 중요한 역할을 한다는 점을 강조하였다. 또한 부모들의 일에 대한 가치와 직업세계에 대한 이해를 위해서 관련정보의 제공과 부모교육이 필요하다는 점을 지적하였다. (부록 Ⅷ-5 참조)

> A교사: 부모가 지원고용 여부를 결정하지 않는 경우는 대부분 취직을 시키지도 않는다. 교사입장에서는 부모의 가치나 태도를 중요하게 여기

지……업체랑 계약하는 것은 부모이기 때문에, 지나치게 아이 위주의 이기적인 태도를 보인다거나……노동의 현실을 인정하고 올바로 결정할 수 있어 주기를 바라는 거지……가정형편이 괜찮은 아이들의 경우는 부모들이 돈보다는 삶의 질의 문제로 보기 때문에, 아이들의 태도가 좋아지길 바라는 것이지 돈을 중요하게 생각하지는 않아요.

3) 작업환경 요인에 대한 교사들의 견해

교사들은 작업환경 요인에 대해서, 고용주의 장애인에 대한 인식과 지지, 동료들의 인식과 지지가 자폐성 장애인의 직업유지에 결정적인 영향을 미치는 것으로 응답하였다. 교사들은 일부 고용주의 경우 안전문제에 대한 우려라든가 장애인에 대한 인식이 부족한 경우가 있으며, 동료들이 자폐성 장애인을 수용하는 태도가 부정적인 경우 등에서 퇴사나 이직이 발생한다고 하였다. 따라서 고용주나 동료들의 인식전환을 위한 노력이 필요하고, 고용주나 동료의 지지에 의해 성공적으로 직업생활을 영위하고 있는 사례나, 고용주나 동료들이 자폐성 장애인을 관리할 수 있는 방안(칭찬, 보상, 몸짓 등)을 제시하는 등 밀접한 사후지도를 강조하였다. (부록 Ⅷ-6 참조)

D교사: 고용주 및 동료의 지지가 장애인에 대한 이해와 관심이 없다면 심각한 문제 즉 직업유지가 현실적으로 어려운 실정입니다. 가정과 사회가 함께 관심을 가지고 직업을 유지할 수 있도록 고용주와 협력해서 사후지도가 철저하게 이루어져야 한다고 생각합니다. 어찌 보면, 고용주는 단순하게 맡겨 버리는 경향도 있어서……똑똑한 아이들만 뽑아서 쓰기도 하지만……그 아이들에게 목표를 설정해 주고 칭찬해 주고 보상을 해 준다면 목표를 달성할 수 있습니다. 아이스크림을 사 준다든지, 뭔가 원하는 활동을 해 준다든지 해 주면……목표 달성률이 높아집니다. 신체적 사인을 보낸다든지 브이자, 승리의 싸인, 하이파이브, 보상,

간식을 준다든지, 아이들은 보상에 민감해요……어떻게 보면, 부모의 지지 요인이라는 것은 실제로 출근시키는 것에 그치거든요. 그러나 직장에서 지루하지 않고 직업을 유지할 수 있는 핵심적인 요체는 고용주의 지지예요.

4) 자폐성 장애인의 직업유지 요인에 관한 교사들의 기타 견해

교사들은 자폐성 장애인의 직업유지 요인에 관한 기타 견해를 통해서, 먼저 자폐성 장애인의 직업유지를 위해서는 이 연구에서 제시한 모든 요인들이 유기적으로 작용하여야 한다는 점을 공통적으로 강조하였다. 또한, 개별 교사마다 직업세계로의 구조화된 접근의 필요성, 직무평가와 장기적 지원고용기간 및 사후지도의 필요성, 파트타임 고용제도 및 삶의 질 확보를 위한 다양한 여가 프로그램의 필요성, 문제행동중재전략 및 사회적 기술 교육의 필요성, 직무관련 현장지도 등을 강조하였다. (부록 Ⅷ-7 참조)

> C교사: 이 아이들의 삶의 질을 높여주고 싶다. 그러나 돈을 150만 원을 벌어도 삶의 질은 높아지지 않는다. 돈이 문제가 아니다. 어떻게 해야 만족할 것이냐? 주 20시간을 하자. 캘리포니아 법안에 주 20시간 안이 있다. 이 아이들 고용유지를 위해서 20시간만 하면 다른 사람도 두 배로 직장을 구할 수 있다. 그리고 나서 주 20시간 하고 오전이나 오후 파트타임으로 4시간씩만 하고 그 나머지 시간은 수영, 마라톤, 인라인 등 자기가 좋아하는 여가활동 시간을 늘려주면 삶의 질 높아지고 직업유지도 잘될 수 있을 것이다. 직업유지를 위해서는 컴퓨터라든가 오락이나 등에 대해서 기쁨을 느끼고……
> 　어떤 직업을 계속적으로 유지할 수 있을까? 어떤 직종이 맞을까? 사전에 직장 적응 훈련을 통해서, 직업평가를 통해서, 현장에서 6개월

정도 해 보면서, 맞는지 안 맞는지, 피드백을 해 본다면 직장 유지는 크게 문제는 없을 것이라고 생각한다. 사후지도가 꼭 필요하다. 고용주와 사후지도 하는 선생님들, 부모님들과 같이 궁합이 잘 맞아준다면 서로가 신뢰와 이해와 인간관계가 잘되어진다면 그렇게 큰 중간에 퇴사하고 그런 부분은 없다. 실제적인 경험이기 때문에. 부족한 부분들도 찾아가서 여러 가지 점을 의논하다 보니깐 잘 해결된다.

직무지도 방법은 직업평가를 통해서, 공인된 평가와 교내 직업평가, 관찰 평가, 사전 모의실습장 훈련이나 현장 훈련을 한다. 이게 적합하구나 싶으면 1년이든 2년이든 꾸준히 현장적응을 시킨다. 취업이 되었을 때, 자연스럽게 빠져들 수 있도록, 그러고 나서 적게는 일주일에 한 번씩 쪼금 걸린다면 한 달에 한 번 정도 수준에서 꾸준히 사후지도, 부모와 통화, 사업주와 통화를 통해서 지도해 주고 있다.

V

논 의

V. 논 의

    이 연구에서는 직업생활을 6개월 이상 유지하고 있는 자폐성 장애인을 대상으로 직업유지에 미치는 요인들과 그 영향에 대하여 알아보았다. 연구 결과의 이론적·실천적 시사에 대한 논의와 연구방법론적 시사에 대하여 논의하였다. 이론적·실천적 시사에 대한 논의는 네 가지 연구문제에 대한 결과를 종합·분석한 후, 개인특성 요인의 영향과 시사, 가정환경 요인의 영향과 시사, 작업환경 요인의 영향과 시사로 구분하여 논의하였다. 연구방법론적 시사에 대해서는 직업유지 자폐성 장애인의 일반적 특성과 시사, 일상용어로 표현된 효과성 지수의 사용, 양적 연구와 질적 연구의 통합적 연구 기법 사용으로 구분하여 논의하였다.

1.
개인특성 요인의 영향과 시사

이 연구의 연구문제는 네 가지로 구성되었는데, 각 연구문제에 대한 결과에서 개인특성 요인의 하위 요인인 일반적 기능수준이 가장 중요한 결과로 제시되었다.

첫 번째 연구문제는 자폐성 장애인의 개인특성, 가정환경 및 작업환경 하위 요인들의 직업유지에 대한 상대적 중요도는 어떠한지를 알아보는 것이었다. 연구 결과, 직업유지의 판단 근거인 고용주 만족도에 대한 직업유지 요인들의 상대적 중요도는 일반적 기능수준, 가족기능, 작업기능 수준, 부모의 일에 대한 가치, 고용주 및 동료의 지지, 일에 대한 가치의 순으로 나타났다.

두 번째 연구문제인 자폐성 장애인의 개인특성, 가정환경 및 작업환경 하위 요인들의 직업유지에 대한 설명량을 알아본 결과, 직업유지의 판단 근거인 고용주 만족도에 유의한 영향을 미치는 것으로 나타난 요인은 일반적 기능수준으로 나타났다. 나머지 요인들은 통계적인 유의미성을 검증하지 못하였다.

세 번째 연구문제인 자폐성 장애인의 개인특성, 가정환경 및 작업환경 하위 요인과 직업유지 요인 간의 상관관계를 '일상용어로 표현된 효과성 지수'로 알아본 결과, 고용주 만족도와 유의한 상관관계를 나타낸 요인은 일반적 기능수준($r = .379$, $p < .01$)으로 나타났으며, 일반적 기능수준이 높은 자폐성 장애인이 고용주 만족도도 높을 확률은 62.4%로 나타났다. 또한, 일반적 기능수준의 하위 요인과 고용주 만족도의 하위 요인의 상관관계를 살펴본 결과, 일반적 기능수준의 하위 요인 중 주변정리($r = .392$, $p < .05$)와 건강관리 요인($r = .339$, $p < .05$)이 유의한 상관을 나타냈고, 주변정리와 건강관리가 높은 자폐성 장애인이 고용주 만족도도 높을 확률이 각각 62.8%와 61.0%로

나타났다.

그리고 네 번째 연구문제인 정서장애학교 취업담당교사들의 견해에서도 일반적 기능수준이 다른 요인들보다 중요하며, 하위 요인 중에서 주변정리와 건강관리가 중요하다는 점이 확인되었다. 교사들은 그 이유로 일반적 기능수준 요인이 직업유지의 핵심적 기초요인이자, 고용주 및 동료의 인식과 태도에 영향을 주기 때문이며, 이에 따라 독립기능과 직업소양교육이 중요하다는 점을 강조하였다. 또한, 하위 요인 중에서 주변정리와 건강관리가 중요한 이유는 대상자들의 직종이 편중되어 있고, 이 요인들이 직장생활에서 가장 기본적인 요인이라는 점을 강조하였다.

이처럼 자폐성 장애인의 일반적 기능수준은 네 가지 연구문제에서 가장 중요한 요인이라는 결과가 공통적으로 나타났다. 이는 연구방법의 측면에서 장애인의 직업유지 요인에 관한 선행연구와 비교가 가능하며, 자폐성 장애인의 직업재활관련 선행연구와의 비교를 통해 이론적·실천적 시사를 찾아볼 수 있다.

먼저, 연구방법 측면에서, 연구의 대상과 도구를 통해 장애인의 직업유지에 관한 선행연구와 비교·분석해 볼 수 있다.

첫째, 이 연구는 연구대상 선정 시 전직 유무에 상관없이 최소 6개월 이상 직업생활을 유지하고 있으며, 최저임금 수준에 준하는 월평균 삼십만 원 이상의 고정적인 임금을 수령하는 자를 기준으로 하였다. 즉, 이미 직업생활을 성공적으로 영위하고 있는 대상들만을 선정하였으며, 직업유지에 실패한 대상들은 이 연구의 대상이 아니었다는 점이다. 둘째, 선정된 연구 대상이 연구 변인의 선정과 그에 따른 도구의 적용에 영향을 미쳤다는 점이다.

장애인을 대상으로 직업유지 요인에 관한 연구를 실시한 선행연구들은, 대부분 직업유지 기간을 종속변인으로 삼아 직업유지에 영향을 미치는 요인들의 영향을 알아보았다. 6개월 혹은 일정 기간 이상의 기간 동안 직업을 유지하고 있는 대상과 1개월 혹은 2개월 이내에 직업유지에 실패한 대상 등, 직업유지 기간에 관련된 다양한 변인들의 영향을 알아본 것이 대부분이었다(변용찬·이은정·이계철, 2004; 류지수, 2003; 염희영, 2004; 이금진, 2000; 이봉원, 2000; 이상욱·박주영, 2002; 이채식, 2005; 최은영, 2002; 최희수, 1999). 그러나 이러한 연구들은 대상 장애유형이 지체장애나 정신장애, 혹은 최근에는 정신지체에 이르기까지 취업 중인 연구 대상의 수가 상대적으로 많았기 때문에 가능한 연구였다. 그러나 이 연구의 대상은 취업률도 제대로 보고되지 않을 만큼 그 대상의 수가 매우 적고, 실제로 전집된 대상도 42명에 불과하였다. 연구를 계획하는 단계에서부터 모집단의 수가 적다는 점이 확인되었기 때문에, 직업생활을 성공적으로 유지하고 있는 대상들에 대한 집중적인 연구를 통해서 이론적·실천적 시사를 도출하고자 하였다. 이에 따라 연구 변인을 선정함에 있어서도 고정적이고 결정된 변인이라 할 수 있는 인구사회학적 요인, 직무요인, 전문가 요인, 기관 및 프로그램 요인 등을 배제하고, 개인특성 요인과 가정환경 요인 및 작업환경 요인 등을 독립변인으로 선정하게 된 것이다. 또한, 직업유지라는 종속변인의 측정도구로 고용주 만족도를 사용한 것 역시, 자폐성 장애인의 언어능력과 의사소통 등의 특성을 고려하여, 일반적으로 취업상태, 직업유지 기간, 직업(무)만족도 등을 종속변인으로 삼는(최희수, 1999) 것과 달리, 고용주 관점에서 본 만족도를 사용하게 된 것이다.

고용주 만족도가 직업유지의 판단 근거였기 때문에, 이미 직업생활을 성공적으로 유지하고 있는 대상들에 대한 연구라는 점에서 보면, 선정된 대상들은 개인특성 요인이나 가정환경 및 작업환경 요인 등에서 일정 수준 이상의 기능을 발휘하고 있음을 추론할 수 있다. 이러한 연구 대상의 동질적 요소로 인해 여섯 가지 하위 요인에 대한 상대적 중요도나 설명량, 혹은 상관관계를 통한 확률개념 등의 연구 결과에서, 일반적 기능수준이 가장 영향력을 지닌 것으로 나타난 것으로 판단된다. 다시 말하면, 고용주들은 다른 다섯 가지 요인보다도 일반적 기능수준이 높아야 자폐성 장애인 고용에 대해 만족도가 높게 되며, 계속해서 고용을 유지시킬 것이라고 판단할 수 있다. 이러한 연구 결과는 일반적 기능수준에 대한 집중적인 교육과 훈련의 필요성, 관련 교육과정 및 중재전략에 관한 연구의 필요성을 제시해 준다.

다음으로, 자폐성 장애인의 직업재활관련 선행연구를 보면, 자폐성 장애인의 직업세계로의 진입과 성공적인 직업유지를 위해서는 직무 수행능력뿐만 아니라, 건강문제, 시간엄수기술, 옷차림, 행동통제 능력, 일에 대한 동기부족, 자기결정 능력 및 문제해결 능력의 부재, 의사소통, 사회적 기술결함, 감각적 문제 등의 장애관련 혹은 개인특성 요인이 지대한 영향을 미침을 제시하고 있었다(Burt, Fuller, & Lewis, 1991; Howlin & Mawhood, 1999; Hurlbutt & Chalmers, 2004; McClannahan, MacDuff, & Krantz, 2002; Nesbitt, 2000). 또한, 장애인의 이직 요인과 관련된 선행연구들은 장애인이 직업을 잃게 되는 이유로 활력부족, 반항, 공격적 행동, 잦은 결근, 지시불응(Brikey et al., 1985), 인간관계 기술의 부족과 부적응 행동(Wehman et al., 1982), 성격·사회적 기술부족(Hanley-Maxwell et al., 1986), 사회적 기술의 부족, 부적절한 작업행동(Lignugaris-Kraft et al., 1988)을 제시하고 있다. 이러한 요인들은 기본적으로 자폐성 장애인의 독립적 생활능력과 직업인으로서 갖추어야 할 소양의 문제로 귀결된다 할 수 있다.

이 연구에서 살펴본 개인특성 요인은 일반적 기능수준, 작업기능 수준, 일에 대한 가치 등의 세 가지 요인이었다. 이 요인들은 선행연구에서 도출된 자폐성 장애인의 개인특성 요인과 밀접한 관련을 지니고 있으며, 특히 일반적 기능수준 요인은 개인위생, 용모, 식습관, 주변정리, 일상생활, 건강관리, 금전관리 등의 영역을 포괄하고 있다. 즉, 일반적 기능수준 요인이 중요하게 나타난 것은 선행연구의 결과와 같이, 자폐성 장애인의 독립적인 기능이 강조되고 직업인으로서의 소양을 갖추는 것이 중요하다는 것과 일치한다고 볼 수 있다. 이와 같은 연구 결과는 자폐성 장애인에 대한 일반적 기능수준의 제고를 통해서, 자폐성 장애인이 직업인으로서 갖추어야 할 독립적 생활기능과 직업소양을 함양시켜야 한다는 이론적·실천적 시사를 제공해 준다.

한편, 연구 결과에서 나타난 바와 같이, 작업기능수준은 통계적으로 유의미한 영향을 미치지는 못했지만, 상대적 중요도에서 세 번째로 중요한 요인으로 나타났다. 그러나 이 연구의 대상이 일정 수준 이상의 작업기능을 갖춘 대상들이었다는 점을 감안해야 할 것이며, 장애인의 직업유지 혹은 자폐성 장애인의 직업재활관련 선행연구들에서 가장 기본적인 요건으로 제시하고 있는 필수 불가결한 요인임을 간과해서는 안 될 것이다. 장애인의 이직요인에 관한 연구에서 밝힌 바와 같이, 생산성이나 작업기술(Hanley-Maxwell et al., 1986; Lignugaris-Kraft et al., 1988; Wehman et al., 1982)은 장애인이 직업을 잃게 되는 주요한 원인이 되기 때문이다. 따라서 작업기능 수준 요인은 향후, 직업유지에 성공한 자폐성 장애인과 실패한 장애인으로 연구의 대상을 확장한다거나, 직무관련 변인 등 직업유지 변인을 확장시킨 후속연구를 통해서, 그 의의와 중요성을 재검증해 볼 필요성이 있다. 일에 대한 가치 요인 또한 그 중요도는 마지막 순서로 나타났지만, 자폐성 장애인의 직업흥미가 자폐성 장애인의 직업적 성공에 중요한 영향을 미치는 점을 감안한다면, 동일한 맥락에서 재조명해 볼 필요성이 있다.

2.
가정환경 요인의 영향과 시사

첫 번째 연구문제인 상대적 중요도에서, 가정환경 요인의 하위 요인인 가족기능은 두 번째로, 부모의 일에 대한 가치는 네 번째로 중요한 것으로 나타났다. 또한, 네 번째 연구문제인 정서장애학교 취업담당교사들의 견해에 비추어 보면, 가족기능과 가족의 지원은 자폐성 장애인의 직업유지에 결정적인 영향을 미치는 것으로 나타났다.

장애인의 직업유지에 관한 선행연구를 보면, 결혼상태(변용찬 · 이은정 · 이계철, 2004; 이상욱·박주영, 2002), 가족지지, 장애에 대한 가족의 태도, 취업·구직에 대한 가족 지원 등의 가족관련 요인(염희영, 2004), 가족의 적극적 개입과 역할(심경순, 2003), 현 직장에 대한 가족들의 만족 및 자부심(최현미, 2002), 부모의 양육태도, 장애자녀교육, 가사부담 및 자녀양육(김세현, 2000), 부모의 일에 대한 가치, 가족기능(류지수, 2003; 최희수, 1999) 부모의 양육방식, 부모의 태도와 노력, 부모의 수입, 부모의 학력(정인숙·박원희, 2004), 가족의 기대수준, 출퇴근 및 물리적 지원, 필요한 정보제공, 동료들과의 상호작용(허경아, 1999) 등의 가정환경 관련 요인이 변인으로 사용되었으며, 직업유지에 영향을 미치는 것으로 나타났다. 이러한 여러 가지 변인 중에서 인구사회학적 변인은, 앞서 이 연구의 대상과 의도에 따라 고정적·결정적 변인을 사전에 제외한 것과 같은 맥락에서 제외하였다. 나머지 태도와 역할에 대한 변인들은 가족기능 요인과 부모의 일에 대한 가치요인으로 압축할 수 있어, 이 연구에서는 두 가지 요인을 변인으로 삼았다. 그 결과 다른 장애인의 직업유지 요인에 관한 연구 결과와 비슷하게 자폐성 장애인의 직업유지에 있어서도 가족의 기능과 가족의 태도 및 지원은 매우 중요한 역할을 하게 된다는 것을 알 수 있었다.

자폐성 장애인의 직업관련 선행연구 결과에서도, 직업재활의 핵심적 구성원으로서의 부모의 중요성(Suomi, Ruble, & Dalrymple, 1993)과 가족이나 보호자의 참여 및 지원을 강조하고 있어(Berkell, 1987; Burt, Fuller, & Lewis, 1991; Duran, 1984b; Keel, Mesibov, & Woods, 1997; Luce & Dyer, 1995; Richard, 1994;), 이 연구의 결과를 뒷받침해 준다. 선행연구에서는 정보제공자, 교육적 결정권자, 프로그램 운영의 동반자 및 평가자로서의 부모의 역할 등에 대한 참여 측면, 그리고 부모에 대한 각종 정보의 제공, 자폐 자녀에게 적용할 수 있는 각종 교수전략의 교육, 고용주 및 동료와의 관계에 대한 지원 등의 지원 측면을 제시하였다. 이는 연구 결과에서 나타난 정서장애학교 취업담당교사들의 답변과도 일치하는 것으로, 가족의 참여를 통한 지원이 자폐성 장애인의 직업유지에 결정적인 영향을 미침을 알 수 있다.

가족의 기능수준이 높고 가족의 지원이 원활하게 이루어질수록 자폐성 장애인의 직업유지에 결정적인 역할하게 된다는 연구 결과에 비추어, 특수교육 및 직업재활 서비스에서 가족의 참여와 지원을 위한 연구와 실천적 방안이 마련되어야 할 것이다. 가족의 참여를 증진시킬 수 있는 방안으로는, 전환교육과 직업재활 과정에서의 참여 및 자폐아동의 행동중재전략과 구조화된 일상적 지원에 대한 사전 교육, 노동시장에 대한 이해와 고용주 및 동료관계 등 직업생활 영위를 위한 가족의 참여 촉진 등을 제시할 수 있다. 또한 가족의 기능을 높일 수 있도록 정기적인 상담과 부모교육 등의 지원이 제공되어야 할 것이며, 이를 위해 긴밀한 협조체계의 구축과 지속적인 지원 서비스가 필요하다 할 수 있다.

3.
작업환경 요인의 영향과 시사

이 연구에서 작업환경 요인의 변인으로 삼은 고용주 및 동료의 지지는 첫 번째 연구문제인 상대적 중요도에서 다섯 번째로 나타났다. 그러나 네 번째 연구문제인 정서장애학교 취업담당교사들의 견해에 비추어 보면, 고용주 및 동료의 지지는 자폐성 장애인의 직업유지에 매우 중요한 영향을 미치는 것으로 나타났다.

이를 연구방법 측면에서 보면, 연구 대상 42명의 대다수가 현장 내 기업이나 근로 작업시설 및 보호 작업장 등에서 근무하고 있어, 고용주 및 동료의 지지가 일정 수준 이상 원활하게 이루어지는 것으로 파악할 수 있다. 이러한 대상의 업체 분포가 연구 결과에 영향을 미쳤을 것으로 판단된다.

장애인의 직업유지에 관한 선행연구 결과를 보면, 고용주나 동료(상사)의 신뢰나 지지(류지수, 2003; 심경순, 2003; 주소현, 1999; 최은영, 2002; 최현미, 2002; 허경아, 1999), 직장 내 차별(김세현, 2000) 등이 직업유지에 영향을 미치는 요인으로 나타났다. 장애인 이직 연구에서도 감독·상사(김승아, 1994) 등이 이직에 영향을 미치는 것으로 나타났다.

자폐성 장애인의 직업재활관련 연구에서도 동료 및 고용주의 자폐성 장애인에 대한 태도가 매우 중요한 변수로 작용하며(Duran, 1987; Keel, Mesibov, & Woods, 1997), 이에 따라 동료 및 고용주에게 장애인 및 관련 사업에 대한 정보제공과 교육, 직업현장에서 자폐성 장애인을 지원해 줄 수 있는 중재전략에 대한 교육 및 밀접한 지원서비스가 제공되어야 한다고 하였다(Berkell, 1985; Berkell, 1987; Burt, Fuller, & Lewis, 1991; Duran, 1987; Howlin & Mawhood, 1999; Hurlbutt & Chalmers, 2004; Keel, Mesibov, & Woods, 1997; Nesbitt, 2000; Richard, 1994;).

이처럼 선행연구 결과와 이 연구의 결과에 비추어 볼 때, 고용주 및 동료의 지지는 자폐성 장애인의 직업유지에 매우 중요한 영향을 미침을 알 수 있다. 따라서 고용주 및 동료들을 위한 지원과 교육이 동시에 제공되어야 할 것이다. 직업세계의 고용주나 일반 근로자들은 장애인에 대한 기본적인 인식이 부족하고 그들과 함께 생활해 본 경험이 부족하기 때문에, 기본적으로 일반적인 장애나 자폐성 장애에 대한 이해교육과 그들의 특성에 맞는 행동관리 전략 및 직무 수정 등의 직무지도 방안을 제공해 주어야 한다. 또한 자폐성 장애인에 대한 인식과 정보제공뿐만 아니라, 장애인 고용과 관련된 각종 제도적 지원방안 등에 대해 정보를 제공해 주어야 하며, 지속적인 사후지도를 통해 자폐성 장애인 고용의 장점을 홍보하고 고용의 확산을 유도해 주어야 할 것이다.

4.
연구방법론적 시사

이 연구는 자폐성 장애인의 직업유지 요인을 알아보기 위한 연구로써, 국내의 직업유지 자폐성 장애인을 대상으로 삼은 첫 번째 연구라는 의의를 지닌다. 따라서 이 연구의 대상으로 선정된 자폐성 장애인의 일반적 특성은 후속연구를 위해 다양한 기초 정보를 제공해 줄 수 있을 것으로 판단되어, 대상 자폐성 장애인의 일반적 특성과 그에 따른 시사를 다음과 같이 제시하였다.

1) 직업유지 자폐성 장애인의 일반적 특성과 시사

이 연구에서 대상으로 삼은 자폐성 장애인은 18세 이상의 성인으로 전직 유무에 관계없이, 2005년 1월 말을 기준으로 6개월 이상 재직 중이었다. 직업유지 기간에 대한 자료처리 기준 시점은 2005년 4월 초를 기준으로 삼았으며, 이때까지의 직업유지 기간은 6개월~1년 미만 12명(28.6%), 1년 이상~3년 미만 19명(45.2%), 3년 이상~5년 미만은 10명(23.8%)이었으며, 5년 이상은 1명(2.4%)이었다. 또한, 연령대별로 보면, 18세~20세가 14명(33.3%), 21세~25세가 24명(57.2%), 26세~30세가 4명(9.5%)이었다. 직업유지 기간이 대부분 5년 미만이고, 연령대가 25세 이하인 점은 정서장애학교의 졸업생 배출 시기에 근거한 것으로 보인다. 4개의 학교는 졸업생 배출 시기가 1년~6년이며, 대구 D학교만 11년째 졸업생을 배출한 상태였음을 참조할 필요가 있다. 또한, 대상의 성별은 전체 42명 중 남자가 40명(95.2%), 여자가 2명(4.8%)이었는데, 이는 자폐성 장애아의 출현율이 남아가 여아보다 현저하게 높다(4.6:1)는 점과 일치한다(국립특수교육원, 2001). 지역별 분포는, 서울·경기 등 수도권 지역에 35명(83.3%), 충북·대구 등 지방에 7명(16.7%)이 재직하고 있었는데, 이는 특수학교 연고지를 중심으로 분포되어 있는 것으로 분석되며, 향후 전국적 범주에서 자폐성 장애인에 대한 직업적 접근이 이루어져야 함을 시사하고 있다.

대상자들의 직업분류는 한국표준직업분류(2000)에 의거하여 분류한 결과, 사무종사자 3명(7.2%), 장치, 기계조작 및 조립종사자 1명(2.4%), 단순노무종사자가 38명(90.4%)으로 나타나, 대부분 단순노무직에 편중되어 있었다. 단순노무의 내용은 대부분 단순조립이나 포장이었다. 한국표준직업분류(2000)의 분류기준에 의거한 결과, 단순 청소업무로 판단되어 단순노무종사자로 분류하긴 하였으나, 이 중 2명은 음식서비스 매장에서 청소업무를 담당하고 있었다. 또한, 전문적으로 기계를 조작하는 기능직과 사무직을 담당하고 있는 자폐성 장애인이 4명으로, 약 10%에 이르고 있는 점은 매우 상징적인 의미를 지닌다. 자폐성 장애인에게 적합한 직업의 종류를 밝힌 선행연구 결과에 비추어 보면 다소 제한적이긴 하지만, 서비스직이나 전문 기능직 및 사무직 등으로 그 범위가 넓어지고 있다는 것은 매우 고무적인 일이라 할 수 있다.

또한, 월평균 임금은 보호 작업장이나 근로 작업시설에 재직 중이거나 파트타임인 경우를 제외하고 약 80%가 최저임금 이상의 임금을 받고 있었는데, 이는 장애인고용촉진 장려금 등의 정책적 지원을 받는 사업장이 대부분이기 때문으로 분석된다. 앞으로도 자폐성 장애인의 고용에 있어서 고용 장려금 및 각종 지원책이 효과적으로 전달되어야 할 필요성이 있음을 알 수 있다. 또한, 재직 자폐성 장애인의 근로시간은 2명만이 4시간 내외의 파트타임 근로자였고 나머지는 근로기준법에 맞게 8시간 수준이었는데, 이는 향후 자폐성 장애인 고용에서 파트타임 근로에 대한 확장과 정책적 지원이 필요함을 시사해 준다. 그리고 주거 형태는 기숙사와 그룹홈에서 출퇴근하는 2명을 제외하고 대부분 가정에서 출퇴근하는 것으로 나타나서, 아직까지 우리나라의 자폐성 장애인들은 독립적 주거보다는 가족의 보호 아래서 직업생활을 영위하고 있는 것으로 보인다. 이는 향후 자폐성 장애인 근로자의 노령화를 대비하여, 지역사회 중심의 독립적 주거 서비스가 좀더 활성화되어야 할 필요성을 제기해 주는 결과라 할 수 있다.

재직업체의 산업유형별로 보면, 1차 산업(농업) 종사자가 1명(2.4%), 2차 산업(제조업) 종사자는 36명(85.7%), 3차 산업(서비스업) 종사자는 5명(11.9%)이었는데, 여기서는 자폐성 장애인의 재직업체가 주로 도시 외곽지역에 분포하고 있다는 점에 주목할 필요가 있다. 즉, 도심 외곽의 제조업체 중심에서, 농어촌 지역이나 도심 내부에서 자폐성 장애인들이 수행할 수 있는 직무를 보다 광범위하게 개발할 필요성이 있음을 시사해 준다. 또한, 재직업체의 종업원 수를 보면, 100인 미만의 사업장이 전체의 90.4%를 차지하는 것으로 나타나 주로 소규모 사업체에 편중된 것을 알 수 있다. 이는 향후 정부기관이나 대규모 사업장 등에 자폐성 장애인의 직업적 진출이 가능하도록, 직업재활 서비스의 폭을 넓힐 필요가 있음을 시사해 준다.

한편, 이 연구에서는 연구 목적을 달성하기 위하여, 단계적 중다회귀분석, 입력 방식의 중다회귀분석, 일상용어로 표현된 효과성 지수, 심층면담 등의 다양한 분석방법을 사용하였다. 특히 일상용어로 표현된 효과성 지수의 사용과 양적·질적 연구의 통합적 연구 기법을 적용한 점은 이 연구가 다른 연구와 다르게 지니는 독특함이라 할 수 있어, 이에 대해 논의하고자 한다.

2) 일상용어로 표현된 효과성 지수의 사용

흔히 통계적 기법을 적용하는 양적 연구에서는 연구 변인 간의 관계를 알아보기 위하여 상관계수를 적용하고, 이에 대한 해석을 시도한다. 그러나 상관계수는 그 해석에 있어서 상당한 통계적 지식을 요하기 때문에, 자칫 해석의 오류를 범하기 쉬우며, 연구의 소비자인 독자가 그 의미를 쉽게 파악하기도 어렵다.

이에 대한 해결 방안으로 Rosenthal과 Rubin(1982)에 연구에 기초하여 McGraw와 Wong(1992)은 소위 '일상용어로 표현된 효과성 통계치'(common language effect size statistic)를 고안해 냈고, 뒤이어 Dunlap(1994)은 적률상관계수를 일상용어로 표현된 효과성 지수(common language effect size indicator: CL)로 바꾸어 계산하는 공식을 제안하면서 그에 따른 표를 만들었다(김삼섭, 2005, p.108). (부록 Ⅶ 참조) 이 표를 활용하면 적률상관계수를 확률로 전환하여 해석할 수 있다. 예를 들면, 지능지수와 국어성적 간의 상관계수가 .40이라는 의미는, 대상 집단에서 두 학생을 임의로 뽑으면 그중 지능지수가 높은 학생이 국어성적도 높을 확률이 63.1%(.631)라는 것이다. 만일 상관계수가 .70이라면 지능지수가 높은 학생이 국어 성적도 높을 확률이 74.7%(.747)이다(김동일, 1999).

이렇게 일상용어로 표현된 효과성 지수를 사용하게 되면, 통계에 대한 사전지식이 없는 사람들도 상관관계에 대해 쉽게 이해할 수 있다. 따라서 이 연구에서는 연구 결과에 대한 독자의 해석을 돕기 위하여 이러한 분석 기법을 사용하였음을 밝히고자 한다.

3) 양적 연구와 질적 연구의 통합적 연구 기법

이 연구에서는 양적 연구 기법인 조사연구를 기본으로 하면서도 질적 연구 기법인 심층면담을 통하여 연구의 결과를 보완하였다.

질적 연구와 양적 연구의 상호보완성은 질적 연구가 양적 연구에 유용한 기초 자료를 제공하거나, 눈이 굵은 양적 연구의 그물이 놓치는 미세한 현상을 포착하도록 질적 연구가 도와주는 과정에서 드러난다. 면밀한 관찰과 기록을 통하여 산출된 풍부한 질적 자료는 양적 연구의 가설 형성과 계량적 조작을 위한 기초를 제공하며, 때로는 양적 연구가 놓친 정보나 왜곡한 사실을 밝혀냄으로써 양적 연구를 수정·보완할 수 있게도 한다(조용환, 2002, p.19). 특히, 모집단의 수가 매우 적은 이 연구의 특성에 비추어 보면, 양적 연구인 조사연구의 결과만으로는 그 현상을 정확하게 설명하는 데 한계가 있을 수밖에 없었다. 이 연구에서 사용한 기법인 상관과 중다회귀분석의 예를 들면, 일반적으로 상관연구는 30명 이상, 중다회귀분석의 경우에는 변인별 피험자의 수가 최소한 15-20명 정도가 요구된다(김삼섭, 2005, p.31). 그렇다면 중다회귀분석을 적용한 이 연구는, 독립변인의 수가 6개이므로 대상의 수는 최소 90명~120명이 필요하다. 그러나 현실적으로 대상에 대한 전집을 시도하였음에도 불구하고, 그 대상의 수는 42명에 불과하였다. 하지만 특수교육 연구에서 모집단의 크기가 작고, 그 분포가 편포일 수 있음에도 불구하고, 정규분포를 이상적으로 가정하고 다양한 통계기법을 적용하는 것은 연구의 현실적 여건을 고려함과 동시에, 그림에도 불구하고 최대한 과학적이고 합리적인 연구 결과를 도출하기 위한 방편일 것이다. 따라서 이 연구에서는 연구의 현실적 여건을 충분히 고려하면서도 그 해석의 오류를 줄이기 위하여, 질적 연구 기법인 심층면담을 보완적으로 실시하게 되었다.

VI

결 론

Ⅵ. 결 론

    이 연구는 자폐성 장애인의 직업유지 요인에 대해 살펴봄으로써 특수교육 및 직업재활 서비스의 이론적·실천적 시사를 도출시키는 데 그 의의가 있었으며, 연구의 목적은 자폐성 장애인의 개인특성, 가정환경 및 작업환경 요인과 직업유지 요인과의 관계를 밝히는 데 있었다. 이를 위하여 자폐성 장애인의 직업재활관련 선행연구를 검토하여 연구의 변인을 선정하였고, 연구 기법에서는 모집단의 수가 적은 점을 감안하여, 양적 연구 기법인 조사연구를 주축으로 하여 질적 연구 기법인 심층면담을 보완적으로 적용하여 결과를 산출하였다.

    이를 위해 18세 이상의 성인 자폐성 장애인 중, 전직 유무에 상관없이 6개월 이상 직업생활을 유지하고 있는 42명의 자폐성 장애인을 연구 대상으로 삼았으며, 조사 대상은 각 조사지에 따라 부모 42명, 직장동료 42명, 사후지도 담당자 8명, 고용주나 노무관리자 18명을 대상으로 삼았고, 심층면담 대상은 정서장애학교의 취업담당교사 4명을 대상으로 하였다.

    연구 결과를 연구문제에 따라 정리하면 다음과 같다.

    첫째, 직업유지의 판단 근거인 고용주 만족도에 대한 직업유지 요인들의 상대적 중요도는 일반적 기능수준, 가족기능, 작업기능 수준, 부모의 일에 대한 가치, 고용주 및 동료의 지지, 일에 대한 가치의 순으로 나타났다. 가장 중요하게 나타난 일반적 기능수준을 일곱 가지 하위 요인으로 나누어 고용주 만족도에 대한 상대적 중요도를 알아본 결과, 주변정리, 건강관리, 개인위생, 용모, 일상생활, 금전관리, 식습관의 순서로 나타났다. 또한, 고용주 만족도를 네 가지 하위 요인으로 나누어 상대적 중요도를 알아본 결과, 개인적 기술군에 대한 일반적 기능수준의 상대적 중요도는 용모, 개인위생, 주변정리, 건강관리, 금전관리, 일상생활, 식습관의 순으로 나타났으며, 사회적 기술군에 대해서는 건강관리, 일상생활, 주변정리, 용모, 식습관, 금전관리와 개인위생의 순으로 나타났다. 작업관련 기술군에 대해서는 개인위생, 주변정리, 용모, 건강관리, 일상생활, 식습관, 금전관리의 순으로 나타났고, 의소소통 기술군에 대해서는 주변정리, 건강관리, 금전관리, 식습관, 일상생활, 개인위생, 용모의 순으로 나타났다.

둘째, 자폐성 장애인의 개인특성, 가정환경 및 작업환경 하위 요인들의 직업유지에 대한 설명량을 알아본 결과, 직업유지의 판단 근거인 고용주 만족도에 유의한 영향을 미치는 것으로 나타난 요인은 일반적 기능수준으로 12.2%의 설명량을 나타냈다. 나머지 요인들은 통계적인 유의미성을 검증하지 못하였다. 좀더 세부적인 분석을 위해 고용주 만족도를 네 가지 하위 요인으로 나눈 다음 단계적 회귀분석을 실시하여 설명량을 알아본 결과, 개인적 기술군과 의사소통 기술군에 유의한 영향을 미치는 요인으로 일반적 기능수준 요인이 확인되었으며, 설명량은 각각 9%와 27.9%로 나타났다. 작업 기술군과 사회적 기술군에 대해서는 통계적인 유의성 검증 결과 해당 요인이 없었다. 또한, 일반적 기능수준을 일곱 가지 하위 요인으로 나누어 고용주 만족도에 대한 설명량을 알아본 결과, 주변정리 요인이 유의한 영향을 미치는 것으로 나타났으며, 설명량은 13.3%였다. 이를 좀더 세부적으로 분석하기 위하여 일반적 기능수준의 일곱 가지 하위 요인과 고용주 만족도의 네 가지 하위 요인으로 나누어 각각 회귀분석을 실시한 결과, 개인적 기술군에 영향을 미치는 일반적 기능수준의 하위 요인은 주변정리로 9.2%의 설명량을 보였으며, 작업관련 기술군에 영향을 미치는 요인은 개인위생으로 8.1%의 설명량을 보였고, 의사소통 기술군에 영향을 미치는 요인은 주변정리로 23.6%의 설명량을 나타냈다.

셋째, 자폐성 장애인의 개인특성, 가정환경 및 작업환경 하위 요인과 직업유지 요인 간의 상관관계를 '일상용어로 표현된 효과성 지수'로 알아본 결과, 고용주 만족도와 유의한 상관관계를 나타낸 요인은 일반적 기능수준(r =.379, p〈.01)으로 나타났으며, 일반적 기능수준이 높은 자폐성 장애인이 고용주 만족도도 높을 확률은 62.4%로 나타났다. 또한, 일반적 기능수준의 하위 요인과 고용주 만족도의 하위 요인의 상관관계를 살펴본 결과, 일반적 기능수준의 하위 요인 중 주변정리(r =.392, p〈.05)와 건강관리 요인(r =.339, p〈.05)이 유의한 상관을 나타냈고, 주변정리와 건강관리가 높은 자폐성 장애인이 고용주 만족도도 높을 확률이 각각 62.8%와 61.0%로 나타났다.

넷째, 연구 결과 및 직업유지에 영향을 미치는 요인에 관한 정서장애학교 취업담당교사의 견해는 다음과 같다.

먼저, 고용주 만족도에 일반적 기능수준 요인이 가장 중요한 순서로 나타난 결과를 심층면담 대상자들의 응답을 통해 분석한 결과, 정서장애학교의 취업담당교사들은 일반적 기능수준 요인이 직업유지에 필요한 핵심적 기초 요인이자 고용주 및 동료들의 인식과 태도에 지대한 영향을 미치기 때문이라고 하였으며, 이에 따라 자폐성 장애인에게 독립적인 기능과 직업인으로서의 소양교육을 강화해야 할 필요가 있다고 하였다. 또한 일반적 기능수준 중에서도 주변정리와 건강관리가 중요하게 나타난 이유는 대상자들의 직종이 편중되어 있고 직장생활의 가장 기본적인 요인이기 때문이라는 점을 강조하였다. 다음으로, 직업유지 요인에 대한 설명량을 알아보았을 때 일반적 기능수준만이 유의하게 나타난 결과에 대해서, 정서장애학교의 취업담당교사들은 현재 장애인을 고용하고 있는 업체 고용주들의 긍정적인 인식과 태도, 대상 자폐성 장애인이 이미 6개월 이상 성공적으로 직업생활을 영위하고 있고 전반적인 기능수준에서 직업생활에 대한 적응능력이 있는 대상이라는 점, 현재 고용되어 있는 업체의 직무 특성 등이 반영된 결과라고 하였다.

또한, 직업유지 요인에 관한 교사들의 견해를 종합해 보면, 일반적 기능수준 요인이 직업유지에 결정적인 역할을 하게 되며, 가족의 기능이 높고 지원이 원활하게 이루어져야 하며, 고용주 및 동료의 지지가 자폐성 장애인의 직업유지에 중요한 요인임을 강조하였다. 교사들은 가족의 태도와 지원 여부에 따라 직업유지와 실패가 좌우된다는 점을 강조하고 있었고, 작업장에서보다 가정에서의 문제가 직장생활에 더 큰 영향을 미치기 때문에, 원활한 가족기능이 무엇보다도 중요하다고 하였다. 그리고 고용주 및 동료의 인식과 지지가 자폐성 장애인의 직업유지에 매우 중요한 영향을 미치기 때문에, 고용주 및 동료의 지지를 위해서 긴밀한 협력과 사후지도가 필요하다는 점을 강조하였다.

한편, 교사들은 공통적으로 이 연구에서 제시한 여섯 가지 요인이 유기적으로 작용해야 자폐성 장애인의 직업유지가 가능하다고 하였다. 개별 교사에 따라서는 직업세계로 진입시키기 위해 자폐성 장애인에게 구조화된 접근을 해야 한다는 점, 직무평가와 장기적 지원고용기간 및 사후지도의 필요성, 파트타임 고용제도 및 삶의 질 확보를 위한 다양한 여가 프로그램의 필요성, 문제행동중재전략 및 사회적 기술의 필요성, 직무관련 현장지도 등을 강조하였다.

이 연구의 결과와 논의를 바탕으로 도출된 결론 및 제언은 다음과 같다.

첫째, 자폐성 장애인의 직업유지를 위해서는 자폐성 장애인의 개인특성 요인을 제고하여야 하며, 특히 일반적 기능수준에 대한 집중적인 교육과 훈련이 필요함을 알 수 있다. 이에 따라 자폐성 장애인이 직업인으로서의 독립적 생활기능과 직업소양을 갖출 수 있도록, 관련 교육과정 및 중재전략에 관한 연구가 진행되어야 할 것이다. 또한, 개인특성 요인의 또 다른 하위 요인인 작업기능 수준과 일에 대한 가치에 대해서도 지속적인 연구와 실천이 필요하다.

둘째, 가정환경 요인에서 가족기능과 부모의 일에 대한 가치는 가족의 참여와 지원이라는 형태를 통해, 자폐성 장애인의 직업유지에 결정적인 영향을 미치게 됨으로, 특수교육 및 직업재활 서비스에서 가족의 참여와 지원을 위한 연구와 실천적 방안이 마련되어야 할 것이다. 가족의 참여를 증진시킬 수 있는 방안으로는, 전환교육과 직업재활 과정에서의 참여 및 자폐아동의 행동중재전략과 구조화된 일상적 지원에 대한 사전 교육, 노동시장에 대한 이해와 고용주 및 동료 관계 등 직업생활 영위를 위한 가족의 참여 촉진 등을 제시할 수 있다. 또한 가족의 기능을 높일 수 있도록 정기적인 상담과 부모교육 등의 지원이 제공되어야 할 것이며, 이를 위해 긴밀한 협조체계의 구축과 지속적인 지원서비스가 필요하다 할 수 있다.

셋째, 작업환경 요인인 고용주 및 동료의 지지는 자폐성 장애인의 직업유지에 매우 중요한 영향을 미치는 것으로 나타났기 때문에, 고용주 및 동료들을 위한 지원과 교육이 동시에 제공되어야 할 것이다. 직업세계의 고용주나 일반 근로자들은 장애인에 대한 기본적인 인식이 부족하고 그들과 함께 생활해 본 경험이 부족하기 때문에, 기본적으로 일반적인 장애나 자폐성 장애에 대한 이해교육과 그들의 특성에 맞는 행동관리 전략 및 직무 수정 등의 직무지도 방안을 제공해 주어야 한다. 또한 자폐성 장애인에 대한 인식과 정보제공뿐만 아니라, 장애인 고용과 관련된 각종 제도적 지원방안 등에 대해 정보를 제공해 주어야 하며, 지속적인 사후지도를 통해 자폐성 장애인 고용의 장점을 홍보하고 고용의 확산을 유도해 주어야 할 것이다.

이 연구는 표집크기가 작다는 현실적 한계점이 있었다. 이를 질적 접근에 의해 극복하고자 노력하였으나, 후속연구를 통해서 재확인할 필요가 있다. 특히 연구를 진행하는 과정에서 특수학교의 직업 및 취업담당교사들의 역할과 기능이 자폐성 장애인의 직업유지에 지대한 영향을 미친다는 것을 확인할 수 있었다. 후속연구에서는 사례연구나 문화인류학적 연구 기법 등의 질적 연구를 통하여 이러한 관계를 좀더 밀도 있게 살펴볼 필요가 있다.

곽승철 (1995). 지체장애 특수학교 진로교육의 과제와 방향. 特殊敎育論集, 2(1), 59-81.

곽승철, 임경원 (1999). 고기능 자폐학생의 적성직업. 정서·학습 장애연구, 15(2), 121-153.

교육인적자원부 (2004). 2004년 정기국회 보고자료: 특수교육 연차보고서. 서울: 저자.

김기원, 김언아 (1996). 장애인 근로자와 정상인 근로자의 이직 요인 비교연구. 한국 사회복지학, 29, 42-67.

김동일 (1999). 특수교육 연구의 과제에 대한 하나의 논의(1999년도 특수교육학회 춘계 학술심포지움[특수교육 연구의 과제]의 토론). 21세기를 향한 특수교육의 과제(pp.125-128). 한국특수교육학회.

김병성 (1996). 교육연구방법. 서울: 學志社.

김병하 (2000). 특수교육에서의 질적 연구: 문제의식과 실천과제, 교육인류학소식, 6(4). 3-6.

김병하 (2001). 특수교육에서 질적 연구방법: 패러다임·전략·과제. 대구: 대구대학교 두뇌한국21 특수교육 교육·연구단.

김삼섭 (1997). 장애인의 직업적 성공관련 요인. 特殊敎育論集, 3(1), 133-151.

김삼섭 (2002). 특수교육 연구방법의 과제와 전망. 한국특수교육학회, 37(1), 1-100.

김삼섭 (2005). 특수교육 논문작성법. 서울: 시그마프레스.

김세현 (2000). 여성지체장애인의 직업생활지속 강화요인에 관한 탐색적 연구. 미간행 석사학위 청구논문, 이화여자대학교 대학원, 서울.

김소연 (2002). 직업의 안정성이 이직의도에 미치는 영향. 미간행 석사학위논문, 경기 대학교 대학원, 수원.

김순금 (2000). 고용주가 요구하는 장애인의 직업적 성공요인. 미간행 석사학위논문, 공주대학교 대학원, 공주.

김승아 (1994). 장애인 직장 적응과 대인관계에 관한 연구. 성남: 한국장애인고용촉진

공단.

김승아 (1995). **근로장애인의 이직 요인 분석과 대처방안**. 성남: 한국장애인고용촉진공단.

김현주 (2002). **청각장애 근로자의 이직의도에 영향을 미치는 결정요인에 관한 연구**. 미간행 석사학위논문, 연세대학교 대학원, 서울.

김희정 (1992). **퇴원한 정신질환자가 지각한 사회적 지지와 정신건강상태와의 관계**. 미간행 석사학위논문, 이화여자대학교 대학원, 서울.

노임대 (2003). **장애 근로자의 직업성공에 영향을 미치는 요인 연구**. 미간행 박사학위논문, 대구대학교 대학원, 경산.

노임대, 이달엽 (2003). 장애인 근로자와 일반 근로자의 직업성공요인 비교연구. 職業再活研究, 13(2), 51-80.

류지수 (2003). **정신장애인의 직업유지에 영향을 미치는 요인에 관한 연구**. 미간행 석사학위논문, 서울여자대학교 대학원, 서울.

박경숙 (2000). 특수교육과 질적 연구. **교육인류학소식**, 6(4), 1-2.

박석돈, 조주현, 한미현 (2004). 장애 근로자 이직의 유형과 요인에 관한 이론적 고찰. 職業再活研究, 14(1), 73-103.

박은혜 (2001). 특수교육 및 재활에서의 질적 연구의 동향과 과제. **재활복지**, 5(1). 56-84.

박지원 (1985). **사회적 지지 척도 개발을 위한 일 연구**. 미간행 박사학위논문, 연세대학교 대학원, 서울.

박훈희 (2001). **취업한 정신장애인의 직무 만족도에 관한 연구: 사회복귀시설을 중심으로**. 미간행 석사학위논문, 숭실대학교 대학원, 서울.

변용찬, 이은정, 이계철 (2004). 경기도 취업 장애인의 직업유지에 영향을 미치는 요인 분석. 職業再活研究, 14(1), 105-131.

신경림, 장연집, 조영달, 김남선 외 (2003). **질적 연구 용어사전**. 서울: 현문사.

신경숙 (2001). 질적 연구의 과정과 이론. 김윤옥 외, **교육연구를 위한 질적 연구방법과 설계**(pp.29-52). 서울: 문음사.

심경순 (2003). 정신장애인이 인식하는 직업유지 요인에 관한 연구. **정신보건과 사회사업**, 15, 7-31.

양문봉 (2001). 자폐성 장애인의 유형 및 특성. **장애인고용**, 42, 4-25.

염희영 (2004). **지체장애 근로자의 직업유지에 영향을 주는 요인**. 미간행 석사학위 청구논문, 연세대학교 대학원, 서울.

오수정 (1999). 정신장애인의 직업유지에 영향을 미치는 요인에 관한 연구. 미간행 석사학위논문, 숭실대학교 대학원, 서울.

이경희 (2001). 비디오 교수를 통한 자폐 중학생의 교내 신문 배달하기 기술 습득에 관한 연구. 미간행 석사학위 청구논문, 이화여자대학교 대학원, 서울.

이금진 (2000). 정신장애인의 직업유지 기간에 영향을 미치는 요인에 관한 연구. 미간행 석사학위논문, 이화여자대학교 대학원, 서울.

이기효 (1995). 離職意圖 因果模型의 實證硏究: 綜合病院 從業員을 對象으로. 미간행 박사학위논문, 성균관대학교 대학원, 서울.

이방현 (2000). 기능이 높은 정신장애인의 취업경험에 관한 질적 연구: 태화샘솟는집 회원을 중심으로. 미간행 석사학위논문, 이화여자대학교 대학원, 서울.

이봉원 (2000). 정신장애인의 직업유지에 영향을 미치는 요인에 관한 연구: 태화샘솟는집을 중심으로. 미간행 석사학위논문, 연세대학교 대학원, 서울.

이상욱, 박주영 (2002). 장애인 근로자의 직업유지 요인에 관한 연구. 職業再活硏究, 12(2), 43-67.

이상진 (2000). VITAS 작업표본과 전환기 발달장애 청소년 진로 의사결정 연구. 미간행 박사학위논문, 대구대학교 대학원, 대구.

이석진, 김삼섭 (2005). 「특수교육진흥법」개정의 방향. 2005년도 춘계학술대회 자료집(pp.17-43). 한국특수교육학회, 서울.

이성혜 (1998). 이직경험 지체장애인의 이직원인과 이직예방을 위한 사후관리 연구. 미간행 석사학위논문, 서울여자대학교 대학원, 서울.

李龍輝 (1996). 우리나라 勤勞者의 離職要因에 관한 硏究. 미간행 석사학위논문, 숭실대학교 대학원, 서울.

이채식 (2005). 정신지체인의 직업유지에 영향을 미치는 요인에 관한 연구: 취업알선 서비스 경험자를 중심으로. 미간행 박사학위논문, 경기대학교 대학원, 수원.

장나영 (2001). 사진을 이용한 최소촉진법이 중도장애 학생의 직업기술 습득에 미치는 효과: 패스트푸드점 청소하기기술을 중심으로. 미간행 석사학위논문, 이화여자대학교 대학원, 서울.

장혜경 (1996). 정신장애인의 직업재활 모델 개발에 관한 연구. 미간행 석사학위논문, 가톨릭대학교 대학원, 서울.

전영환 (1997). 시각장애근로자의 이직과 직무만족에 관한 조사연구. 미간행 석사학위논문, 대구대학교 대학원, 대구.

정수경 (1993). **정신분열증 환자의 질병기간에 따른 가족기능의 효과성 연구**. 미간행 석사학위논문, 연세대학교 대학원, 서울.

정운용 (2004). **생활중심 전환교육이 자폐학생의 직업적응태도에 미치는 영향**. 미간행 석사학위논문, 한국교원대학교, 청원.

정인숙, 박원희 (2004). 정신지체 성인의 직장생활에 영향을 미치는 요인 분석 연구. **특수교육학연구**, 39(1), 235-256.

조미숙 (2004). 사진단서 중재가 자폐 중학생의 직업기술에 미치는 효과. **현장특수교육 연구보고서**, 1-71.

조용환 (2002). **질적 연구: 방법과 사례**. 서울: 교육과학사.

조인수 (2002). **전환교육과 서비스**. 대구: 대구대학교출판부.

주소현 (1999). **정신분열병 환자의 직업유지와 작업환경에 관한 연구**. 미간행 석사학위논문, 서울여자대학교 대학원, 서울.

최경림 (2001). **정신지체인의 직업적 성공요인에 관한 연구**. 미간행 석사학위논문, 호남대학교 대학원, 광주.

최성규 (1998). 우리나라 특수교육 학회지에 나타난 연구현황 분석과 질적 연구방법의 패러다임 변화. 特殊教育研究, 21(1), 23-45.

최은영 (2002). **정신장애인의 직업유지에 영향을 미치는 직업재활요인 탐색**. 미간행 석사학위논문, 서울여자대학교 대학원, 서울.

최현미 (2002). **장기근속 장애인의 직업생활 영향요인에 관한 탐색적 연구: 직업생활 강화요인·위기요인·극복요인 중심으로**. 미간행 석사학위논문, 이화여자대학교 대학원, 서울.

崔協 (1983). 計量的 接近과 質的 接近 金東一 外, **사회과학방법론 비판**(pp.45-86). 서울: 청람.

최희수 (1999). **정신분열병 환자의 직업재활 성과의 예측 요인에 관한 연구**. 미간행 박사학위논문, 서울여자대학교 대학원, 서울.

최희철, 이방현, 이미순 (2002). 정신장애인의 직업유지연구: 근거이론적 접근을 중심으로. **태화임상사회사업연구**, 9.

한국보건사회연구원 (2001). 2000년도 장애인 실태조사. 서울: 저자.

국립특수교육원 (2001). **특수교육요구아동 출현율 조사**. 안산: 저자.

한국특수교육총연합회 (2003). 2003 **전국특수교육요람**. 서울: 저자.

한국특수교육총연합회 (2004). 2004 **전국특수교육요람**. 서울: 저자.

통계청 (2000). **한국표준직업분류**. 대전: 저자.

허경아 (1999). **정신지체인의 고용유지에 영향을 미치는 요인에 관한 연구: 지원고용을 중심으로**. 미간행 석사학위논문, 이화여자대학교 대학원, 서울.

황의관 (2000). **자폐학생의 직업흥미에 관한 연구**. 미간행 석사학위논문, 공주대학교 대학원, 공주.

황희숙 (2001). 질적 연구의 성격. 김윤옥 외, **교육연구를 위한 질적 연구방법과 설계** (pp.9-27). 서울: 문음사.

Abelson, M. A. (1987). An examination of avoidable and unavoidable turnover. *Journal of Applied Psychology, 67*, 382-436.

American Psychiatric Association. (1994). *Diagnostic and statistical manual of mental disorders*(4th ed.). Washington, DC: Author.

Autism Society of America. (1997). What is autism? *The Advocate, 29*(2), 3.

Berkell, D. E. (1985). Preparing autistic students for competitive employment a model program. *Rehabilitation world, 9*(1), 24-26.

Berkell, D. E. (1987). Career development for youth with autism. *Journal of Career Development, 13*(4), 14-20.

Breen, C., Haring, T., Pitt-Conway, V., & Gaylord-Ross, R. (1985). The training and generalization of social interaction during breaktime at two job sites in the natural environment. *Journal of the Association for Persons with Severe Handicaps, 10*(1), 41-50.

Brickey, M., Browning, L., & Campbell, K. (1982). Vocational histories of sheltered workshop employees placed in projects with industry and competitive jobs. *Mental Retardation, 20*, 52-57.

Brickey, M., Browning, L., & Campbell, K. (1985). A five-year follow-up sheltered workshop employees placed in competitive jobs. *Mental Retardation, 23*, 67-73.

Burt, D. B., Fuller, P., & Lewis, K. R. (1991). Brief report: competitive employment of adults with autism. *Journal of Autism and Developmental Disorders, 21*(2), 237-242.

Chaffing, J. (1969). Production rate as a variable in the job success or failure of educable mentally retarded adolescents. *Exceptional Children, 35*, 533-538.

Cheadle, A. J., & Morgan, R. (1972). The measurement of work performance of psychiatric patients: A reappraisal. *British Journal Psychiatry, 120,* 437-441.

Dalrymple, N. J., & Angrist, M. H. (1987). *Student with autism succeed in community job settings.* Indiana: Indiana Resource Center for Autism.

Distefano, M. K., & Pryer, M. W. (1970). Vocational evaluation and successful placement of Psychiatric clients in a vocational rehabilitation program. *American Journal of Occupational Therapy, 24,* 205-207.

Dunlap, W. P. (1994). Generalizing the common language effect size indicator to bivariate normal correlations. *Psychological Bulletin, 116*(3), 509-511.

Duran, E. (1984a). Teaching nonsheltered vocational skills to autistic adolescents and young adults. *Psychology: A Quarterly Journal of Human Behavior, 21*(3 / 4), 49-54.

Duran, E. (1984b). A vocational and community training program for the severely handicapped and autistic adolescents. *Education, 105*(1) 11-16.

Duran, E. (1985). Teaching janitorial skills to autistic adolescents. *Adolescence, 20*(77), 225-232.

Duran, E. (1987). Overcoming people barriers in placing severely aberrant autistic students in work sites and community. *Education, 107*(3), 333-337.

Engstrom, I., Ekstrom, L., & Emilsson, B. (2003). Psychosocial functioning in a group of swedish adults with asperger syndrome or high-functioning autism. *Autism: The International Journal of Research and Practice, 7*(1), 99-110.

Foley, B. E., & Staples, A. H. (2003). Developing augmentative and alternative communication(AAC) and literacy interventions in a supported employment setting. *Topics in Language Disorders, 23*(4), 325-343.

Foss, G., & Peterson, S. (1981). Social interpersonal skills relevant to job tenure for mentally retarded adults. *Mental Retardation, 19,* 103-106.

Halle, J. W., Schloss, P. J., & Schloss, C. N. (1989). Using changing- criterion methodology to enhance the vocational performance of a developmentally disabled adult: a home-based demonstration. *Career Development for Exceptional Individuals, 12*(2), 83-95.

Hanley-Maxwell, C., Rusch, F., Chadsey-Rusch,, & Renzaglia, A. (1986). Reported factors contributing to job termination of individuals with severe disabilities. *Journal of the Association for the Severely Handicapped, 11,* 45-52.

Howlin, P. (2000). Outcome in adult life for more able individuals with autism or asperger syndrome. *Autism: The International Journal of Research & Practice, 4*(1), 63-83.

Howlin, P., & Mawhood, L. (1999). The outcome of a supported employment scheme for high-functioning adults with autism or asperger syndrome. *Autism: The International Journal of Research & Practice, 3*(3), 229-254.

Hurlbutt, K., & Chalmers, L. (2004). Employment and adults with asperger syndrome. *Focus on Autism and Other Developmental Disabilities, 19*(4), 215-222.

Katz L., McCue M., Garris R. P., & Herring J. (1983). Psychiatric rehabilitation: An outcome study. *Rehabilitation Counseling Bulletin, 22*(1), 52-65.

Keel, J. H., Mesibov, G. B., & Woods, A. V. (1997). TEACCH-Supported employment program. *Journal of Autism and Developmental Disorders, 27*(1), 3-9.

Kiernan, W. E., & Rowland, S. (1989). Factors contributing to success and failure in the work environment. In W. E. Kiernan & R. L. Shcalock(Eds.), *Economics, industry, and disability: A look ahead*(pp.253-263). Baltimore, MD: Paul H. Brookes.

Kemp, D. C., & Carr, E. G. (1995). Reduction of severe problem behavior in community employment using an hypothesis-driven multicomponent intervention approach. *Journal of the Association for Persons with Severe Handicaps, 20*(4), 229-247.

Kokaska, C., & Brolin, D. (1985). Career education for handicapped individuals(2nd ed.). Columbus, OH: Charles E. Merrill.

Lattimore, L. P., Parsons, M. B., & Reid, D. H. (2002). A prework assessment of task preferences among adults with autism beginning a supported job. *Journal of Applied Behavior Analysis, 35*(2), 85-88.

Lignugaris-Kraft, B., Salzberg, C. L., Rule, S., & Stowitschek, J. J. (1988). Social-vocational skills of developmentally disabled and nonhandicapped workers in two community employment sites. *Mental Retardation, 26,* 297-305.

Luce, S. C., & Dyer, K. (1995). Providing effective transitional programming to individuals with autism. *Behavioral Disorders, 21*(1), 36-52.

McClannahan, L. E., MacDuff, G. S., & Krantz, P. J. (2002). Behavior analysis and intervention for adults with autism. *Behavior Modification, 26*(1), 9-26.

McGraw, K. O., & Wong, S. P. (1992). A common language effect size statistic. *Psychological Bulletin, 11*(2), 361-365.

Nesbitt, S. (2000). Why and why not? factors influencing employment for individuals with asperger syndrome. *Autism: The International Journal of Research & Practice, 4*(4), 357-369.

Nuehring, M. L., & Sitlington, P. L. (2003). Transition as a vehicle. *Journal of Disability Policy Studies, 14*(1), 23-35.

Purlee, G. D. (1993). *Predictors of employment outcome for person with serious mental illness.* Unpublished doctoral dissertation. Indiana: Indiana University.

Quill, K. A. (2001). The Complexity of Autism. In K. A. Quill(Eds.), *Do-watch-listen-say: social and communication intervention for children with autism*(pp.1-20). Baltimore, MD: Paul H. Brookes.

Quinn, C., & Swaggart, B. L. (1994). Implementing cognitive behavior management programs for persons with autism: guidelines for practitioners. *Focus on Autistic Behavior, 9*(4), 1-13.

Reichle, R., McComas, J., Dahl, N., Solberg, G., Pierce, S., & Smith, D. (2005). Teaching an individual with severe intellectual delay to request assistance conditionally. *Educational Psychology, 25*(2 / 3), 275-286.

Richard, S. (1994). School reform and children and youth with autism. *Focus on Autistic Behavior, 9*(2), 9-14.

Rosenthal, R., & Rubin, D. B. (1982). A simple, general purpose display of magnitude of experimental effect. *Journal of Educational Psychology, 74,* 166-169.

Sitlington, P. L., Dalrymple, N. J., & Dewees, A. (1986). *Vocational programming for students with autism.* Indiana: Indiana University Developmental Training Center.

Smith, M. D., & Coleman, D. (1986). Managing the behavior of adults with autism in the job setting. *Journal of Autism and Developmental Disorders, 16*(2), 145-154.

Smith, M. D., Belcher, R. G., & Juhrs, P. (2005). 자폐인의 성공적인 고용을 위한 안내서(김효정 역). 서울: 시그마프레스.(원출판년도 1995).

Stainback, S., & Stainback, W. (1992). 질적 연구의 이해와 실천(김병하 역). 서울: 도서출판 특수교육.(원출판년도 1988).

Suomi, J., Ruble, L., & Dalrymple, N. (1993). *Let community employment be the goal for individuals with autism.* Indiana: Indiana Resource Center for Autism.

Wehman, P., Hill, M., Goodall, P., Cleveland, P., Brooke, V., & Pentecost, J. (1982). Job placement and follow-up of moderately and severely handicapped individuals after three years. *Journal of the Association for the Severely Handicapped, 7,* 5-16.

ABSTRACT[*]

Factors Affecting the Job Retention of Individuals with Autistic Disorders

Kyoung Won, Lim.

Department of Special Education
Graduate School, Kong Ju National University
Kong Ju. Korea
Supervised by Professor Seung chul, Kwak.

The purpose of the study was to suggest theoretical and practical implications for special education and vocational rehabilitation services to individuals with autistic disorder through an investigation of the relationship among the factors of personal trait, domestic environment, job environment and job retention.

The study used both quantitative and qualitative research method. For quantitative research method, 42 individuals with autistic disorder who have been retain over 6 months with or without job turnover, 42 parents, 42 peers, 8 follow-up specialist, 18 employers and managers participated. For qualitative research, 4 teachers who are in charge of employment in special education

* A thesis submitted to the committee of Graduate School, Kong Ju National University in partial fulfillment of the requirements for the degree of Doctor of Education Conferred in August 2005

school for individuals with emotional disorder participated in the in-depth interview.

Findings demonstrated that the relative importances of job retention factors which influence employers' satisfactions which were reasons to judge of job retention are level of functioning, level of domestic functioning, level of work functioning, valuing of work of parents, support of peers and employers, and valuing of work of individuals with autistic disorder in order.

The explanatory estimator of job retention depending upon sub-factors of personal traits, domestic environments, job environments showed 12.2% in level of functions that significantly influenced to the employers' satisfactions which were reasons to judge of job retention.

The correlation among factors of personal traits, domestic environments, job environments, and employer's satisfactions was only level of functioning factor which was significantly correlated($r = .379$, $p < .01$). It was translated into common language effect size that the probability when the higher level of function, the higher satisfaction of employer was 62.4%.

For research results and factors which influenced in job retention, the teachers who are in charge of employment in special education school for individuals with emotional disorder emphasized level of function, successful performance with family support and high family function, and importance of support with peers and employers.

In conclusion, the study suggested that considerations of the factors of personal trait for job retention, education and training for level of function are needed. It was also recommended that future research would focus on related curriculums and intervention strategies for individuals with autistic disorder having independent living skills and vocational training as an employee. In addition, it was recommended that family, peers and employers support should provide.

Limitation of this study is sampling procedure which was utilized. The participants were restricted to a small population and it could represent limit characteristics of individuals with autism. Even though qualitative approach is used to overcome this limitation, it would be approached with caution until follow- up study is completed.

I ~VIII

부 록

〈부록 Ⅰ〉 자폐성 장애인의 직업유지 요인에 관한 조사지
(부모용)

안녕하십니까?

저는 공주대학교 대학원에서 특수교육학을 전공하고 있는 임경원입니다.

저는 정서장애학교와 장애인 직업전문학교에 재직하면서 자폐성향이 있는 학생들의 직업적 성공과 사회통합에 많은 관심을 갖게 되었습니다. 어떻게 하면 학생들이 학교 현장에서 좀더 효과적인 직업교육을 받을 수 있을 것인가? 어떤 서비스를 제공해야 좀더 성공적으로 직업생활을 유지할 수 있을까? 고민하던 끝에, 현재 직장생활을 잘하고 있는 자폐성 장애인들의 성공요인을 알아볼 필요가 있다고 판단하게 되었습니다. 또한, 이러한 연구 동기를 학위논문으로 발전시켜, 정서장애학교의 직업교육과 장애인 직업재활 분야에 조금이나마 기여하고자 합니다.

이 조사지는 무기명으로 작성되며, 모든 질문에 옳고 그른 답은 없습니다. 귀중한 시간을 잠시 허락하시어 꼼꼼하게 응답해 주신다면, 소중한 자료로써 그 가치를 발휘하게 될 것입니다. 응답에 필요한 시간은 10분~15분 정도입니다.

이 조사에 응답하신 내용은 철저하게 비밀을 보장할 것이며, 연구 목적 이외에는 어떠한 용도로도 사용하지 않을 것임을 약속드립니다.

소중한 응답을 해 주신 귀하께 진심으로 감사의 말씀을 올립니다.

늘 건강하시고 가정에 평화 가득하시길 기원합니다.

2005년 월
공주대학교 대학원 특수교육학과
연구자 임 경 원 올림

전 화: 019-9180-4191, 041-850-8942
이메일: deobullife@hanmail.net

「일에 대한 가치」

이 조사지는 귀하의 자녀가 일에 대해서 어떤 가치를 지니고 있는지를 알아보고자 제작된 것입니다. 귀하의 자녀께서 평소에 어떤 생각 혹은 어떤 가치관을 지니고 있는지, 부모님의 판단하에 적절한 항목에 체크(√)하여 주시면 감사하겠습니다.
'○○○'은 자녀의 이름에 해당하는 기호입니다.

항 목	전혀 그렇지 않다	거의 그렇지 않다	그저 그렇다	거의 그렇다	매우 그렇다
1. ○○○은 일을 갖는 것이 중요하다고 생각한다.					
2. ○○○은 취업을 하는 데 관심이 많다.					
3. ○○○은 직업을 유지하는 데 관심이 많다.					
4. ○○○은 일을 한 대가로 봉급을 받는 것이 중요하다고 생각한다.					
5. ○○○은 일을 원한다.					
6. ○○○은 자신이 미래에 일을 할 것으로 기대한다.					
7. ○○○은 사람은 누구나 반드시 일을 해야 한다고 생각한다.					

「일반적 기능수준」

> 다음은 자녀의 일반적인 기능 수준을 알아보고자 하는 항목들입니다.
> 해당하는 항목에 체크(√)하여 주시면 감사하겠습니다.

항 목	전혀 그렇지 않다	거의 그렇지 않다	그저 그렇다	거의 그렇다	매우 그렇다
개인위생					
일주일에 한 번 이상 정기적으로 목욕을 한다.					
2-3일에 한 번 이상 머리를 감는다.					
하루에 한 번 이상 양치질을 한다.					
정기적으로 손톱, 발톱을 정리한다.					
용 모					
필요할 때마다 머리를 자르고 손질한다.					
속옷을 갈아입어야 할 때 스스로 갈아입는다.					
깨끗하고 단정하게 옷을 입는다.					
때와 장소에 적당한 옷을 입는다.					
다른 사람의 도움 없이 옷을 입는다.					
식 습 관					
서두르거나 꾸물거리지 않고 적당한 속도로 먹는다.					
과식하거나 너무 적게 먹지 않는다.					
식사 예절을 지킨다.					
주 변 정 리					
자신의 방 청소는 스스로 한다.					
자신의 옷 정리는 스스로 한다.					
자신의 물건 정리는 스스로 한다.					

항 목	전혀 그렇지 않다	거의 그렇지 않다	그저 그렇다	거의 그렇다	매우 그렇다
일 상 생 활					
개인적으로 필요한 물건은 스스로 구입한다.					
자신의 옷은 스스로 구입한다.					
일정한 시간에 잠자고 적절한 시간에 스스로 일어난다.					
시간을 잘 활용하며 지낸다.					
지하철, 버스 등 대중교통수단을 자유롭게 이용할 수 있다.					
건 강 관 리					
다른 사람의 도움 없이 처방대로 정확하게 약을 복용한다.					
약에 대한 의문점이나 증상이 변화되면 의사와 의논한다.					
감기, 배탈과 같은 경미한 증상은 스스로 해결한다.					
금 전 관 리					
돈 관리를 직접 한다.					
저금을 하거나 돈을 찾는 등 혼자서 은행거래를 하고 있거나 할 수 있다.					

「가족기능」

다음은 가족에 대한 질문입니다. 모든 질문은 「우리 가족은……」으로 시작됩니다.
적절한 항목에 체크(√)하여 주시면 감사하겠습니다.

항 목(우리 가족은……)	전혀 그렇지 않다	거의 그렇지 않다	그저 그렇다	거의 그렇다	매우 그렇다
1. 서로를 잘 이해하지 못하기 때문에 우리가 해야 할 일을 계획하지 못한다.					
2. 누군가가 기분이 나쁘면 왜 그런지를 안다.					
3. 위기가 닥치면 서로에게 도와달라고 부탁할 수 있다.					
4. 갑자기 큰일을 맞게 되면 어떻게 할 바를 모른다.					
5. 서로에 대한 애정표현을 하지 않으려고 한다.					
6. 슬픈 일이 있어도 서로에게 그런 얘기를 하지 않는다.					
7. 자신에게 중요한 일일 때만 서로에게 관심을 가진다.					
8. 집에서 할 일이 충분히 나뉘어져 있지 않다.					
9. 규칙을 어겨도 그냥 지나간다.					
10. 빗대서 말하기보다는 직접 솔직하게 얘기한다.					
11. 감정적으로 반응하지 않는 식구들이 있다.					
12. 우리가 두려워하는 일이나 걱정에 대해 얘기하기를 꺼린다.					
13. 각자의 역할을 다하지 못한다.					
14. 집안 문제를 해결하려고 애쓴 후에 그것이 잘됐는지 아닌지에 대해 얘기하곤 한다.					

항 목(우리 가족은……)	전혀 그렇지 않다	거의 그렇지 않다	그저 그렇다	거의 그렇다	매우 그렇다
15. 지나치게 자기중심적이다.					
16. 서로에게 감정을 표현할 수가 있다.					
17. 화장실을 사용하는 규칙이 정해져 있지 않다.					
18. 서로에 대한 사랑을 표현하지 않는다.					
19. 우리에게 관계있는 일에만 서로 관여하게 된다.					
20. 식구들의 개인적인 관심사를 알아볼 시간이 별로 없다.					
21. 개인적으로 얻는 것이 있다고 생각할 때 서로에게 관심을 보인다.					
22. 감정 문제가 나타나면 거의 풀고 지나간다.					
23. 다정다감하지 않은 편이다.					
24. 어떤 이득이 있을 때에만 서로에게 관심을 보인다.					
25. 서로에게 솔직하다.					
26. 어떤 규칙이나 기준을 고집하지 않는다.					
27. 특정한 일을 부탁하면 나중에 다시 일러줘야 한다.					
28. 집에서 지켜야 할 약속들을 어기면 어떻게 되는 건지 잘 모른다.					
29. 함께 있으면 잘 지내지 못한다.					
30. 가족으로서 각자 해야 할 일에 대해 거의 불만을 가지고 있다.					
31. 뜻은 좋지만 서로의 생활에 너무 많이 개입한다.					
32. 서로를 믿는다.					
33. 어떤 가족의 행동을 싫어할 경우 그 사람에게 말한다.					
34. 문제를 해결하려고 할 때 여러 가지 방법을 생각해 본다.					

「부모의 일에 대한 가치」

다음은 부모님들께서 평소 일에 대해서 어떻게 생각하시는지를 묻는 질문입니다.

앞서 자녀의 가치를 여쭤 보았으나, 이번엔 부모님들의 생각을 알아보는 질문입니다. 적절한 항목에 체크(√)하여 주시면 감사하겠습니다.

'○○○'은 자녀의 이름에 해당하는 기호입니다.

항 목	전혀 그렇지 않다	거의 그렇지 않다	그저 그렇다	거의 그렇다	매우 그렇다
1. 우리 부부 혹은 가족은 일을 중요하게 생각한다.					
2. 우리 부부 혹은 가족은 ○○○이 취업하는 것에 관심이 많다.					
3. 우리 부부 혹은 가족은 ○○○이 직업을 유지하는 것에 대해 관심이 많다.					
4. 우리 부부 혹은 가족은 ○○○이 일을 하는 것에 대해 봉급을 받는 것을 중요하다고 생각한다.					
5. 우리 부부 혹은 가족은 ○○○이 일을 하기를 원한다.					
6. 우리 부부 혹은 가족은 ○○○이 미래에 일을 할 것으로 기대한다.					
7. 우리 부부 혹은 가족은 사람은 누구나 반드시 일을 해야 한다고 생각한다.					

〈부록 Ⅱ〉 자폐성 장애인의 직업유지 요인에 관한 조사지
(동료용)

안녕하십니까?

저는 공주대학교 대학원에서 특수교육학을 전공하고 있는 임경원입니다.

저는 정서장애학교와 장애인 직업전문학교에 재직하면서 자폐성향이 있는 학생들의 직업적 성공과 사회통합에 많은 관심을 갖게 되었습니다. 어떻게 하면 학생들이 학교 현장에서 좀더 효과적인 직업교육을 받을 수 있을 것인가? 어떤 서비스를 제공해야 좀더 성공적으로 직업생활을 유지할 수 있을까? 고민하던 끝에, 현재 직장생활을 잘하고 있는 자폐성 장애인들의 성공요인을 알아볼 필요가 있다고 판단하게 되었습니다. 또한, 이러한 연구 동기를 학위논문으로 발전시켜, 정서장애학교의 직업교육과 장애인 직업재활 분야에 조금이나마 기여하고자 합니다.

이 조사지는 무기명으로 작성되며, 모든 질문에 옳고 그른 답은 없습니다. 귀중한 시간을 잠시 허락하시어 꼼꼼하게 응답해 주신다면, 소중한 자료로써 그 가치를 발휘하게 될 것입니다. 응답에 필요한 시간은 10분~15분 정도입니다.

이 조사에 응답하신 내용은 철저하게 비밀을 보장할 것이며, 연구 목적 이외에는 어떠한 용도로도 사용하지 않을 것임을 약속드립니다.

소중한 응답을 해 주신 귀하께 진심으로 감사의 말씀을 올립니다.
늘 건강하시고 가정에 평화 가득하시길 기원합니다.

2005년 월
공주대학교 대학원 특수교육학과
연구자 임 경 원 올림

전 화: 019-9180-4191, 041-850-8942
이메일: deobullife@hanmail.net

「작업기능 수준」

> 다음은 귀하의 회사에 근무하고 있는 자폐성향이 있는 장애 근로자에 관한 질문 목록입니다. 평소 지켜보신 대로 자폐성 장애인의 작업기능 수준이 어느 정도인지 판단하셔서, 적절한 항목에 체크(√)하여 주시면 감사하겠습니다.
>   '○○○'은 자폐성향이 있는 장애 근로자의 이름에 해당하는 기호입니다.

항 목	전혀 그렇지 않다	거의 그렇지 않다	그저 그렇다	거의 그렇다	매우 그렇다
1. ○○○은 복잡한 일을 잘한다.					
2. ○○○은 일에 대한 지시를 빨리 파악한다.					
3. ○○○은 일을 피하지 않고 열심히 한다.					
4. ○○○은 주어진 일보다 그 이상의 일을 찾아서 한다.					
5. ○○○은 언제나 상황 판단이 훌륭하다.					
6. ○○○은 해야 할 작업은 언제나 다 마치고 끝낸다.					
7. ○○○은 일을 솔선해서 한다.					
8. ○○○은 다른 사람들과 잘 지낸다.					

〈부록 Ⅲ〉 자폐성 장애인의 직업유지 요인에 관한 조사지
(고용주용)

안녕하십니까?

저는 공주대학교 대학원에서 특수교육학을 전공하고 있는 임경원입니다.

저는 정서장애학교와 장애인 직업전문학교에 재직하면서 자폐성향이 있는 학생들의 직업적 성공과 사회통합에 많은 관심을 갖게 되었습니다. 어떻게 하면 학생들이 학교 현장에서 좀더 효과적인 직업교육을 받을 수 있을 것인가? 어떤 서비스를 제공해야 좀더 성공적으로 직업생활을 유지할 수 있을까? 고민하던 끝에, 현재 직장생활을 잘하고 있는 자폐성 장애인들의 성공요인을 알아볼 필요가 있다고 판단하게 되었습니다. 또한, 이러한 연구 동기를 학위논문으로 발전시켜, 정서장애학교의 직업교육과 장애인 직업재활 분야에 조금이나마 기여하고자 합니다.

이 조사지는 무기명으로 작성되며, 모든 질문에 옳고 그른 답은 없습니다. 귀중한 시간을 잠시 허락하시어 꼼꼼하게 응답해 주신다면, 소중한 자료로써 그 가치를 발휘하게 될 것입니다. 응답에 필요한 시간은 10분~15분 정도입니다.

이 조사에 응답하신 내용은 철저하게 비밀을 보장할 것이며, 연구 목적 이외에는 어떠한 용도로도 사용하지 않을 것임을 약속드립니다.

소중한 응답을 해 주신 귀하께 진심으로 감사의 말씀을 올립니다.

늘 건강하시고 가정에 평화 가득하시길 기원합니다.

2005년 월

공주대학교 대학원 특수교육학과

연구자 임 경 원 올림

전 화: 019-9180-4191, 041-850-8942

이메일: deobullife@hanmail.net

「고용주 만족도」

다음은 귀하의 회사에 근무하고 있는 자폐 성향이 있는 장애 근로자에 관한 질문 목록입니다. 평소 지켜보신 대로 자폐성 장애인을 고용해서 만족하시는 수준을 평가하셔서, 적절한 항목에 체크(√)하여 주시면 감사하겠습니다.

항 목	전혀 그렇지 않다	거의 그렇지 않다	그저 그렇다	거의 그렇다	매우 그렇다
1. 대인관계가 원만하여 직장동료 등 다른 사람들과 잘 어울린다.					
2. 자신에게 주어진 일을 깔끔하게 처리한다.					
3. 기본적인 요구에 대해 의사소통이 가능하다.					
4. 자신이 맡은 직업의 과정이나 일정을 이해할 수 있다.					
5. 상대방의 질문에 답할 수 있고 또한 상대방이 설명하면 경청한다.					
6. 자신에게 주어진 직무에 대해 흥미를 가지고 있다.					
7. 선임자나 관리자의 지시를 잘 따른다.					
8. 일반적으로 사회에서 받아들여지는 행동을 하거나 태도를 보인다.					
9. 관리자가 옆에 없어도 직무를 원만하게 수행할 수 있다.					
10. 능률적으로 작업을 수행한다.					
11. 안전표지 등 공중표지판을 이해하고 그에 따를 수 있다.					
12. 다른 사람을 대할 때 스스로 붙임성 있게 다가간다.					
13. 건강한 신체와 더불어 매사에 의욕적이다.					
14. 직무상 필요할 경우 관리자에게 도움을 요청한다.					
15. 성격이 상냥하고 쾌활하다.					
16. 관리자가 시정을 요구하면 그의 지시대로 따른다.					
17. 새로운 작업 상황에 적응할 수 있다.					
18. 다른 사람을 짜증나게 하는 행동을 자제할 줄 안다.					
19. 용모가 단정하다.					
20. 일상적인 글을 읽고 쓸 수 있다.					

〈부록 Ⅳ〉 자폐성 장애인의 직업유지 요인에 관한 조사지
(사후지도자용)

안녕하십니까?

저는 공주대학교 대학원에서 특수교육학을 전공하고 있는 임경원입니다.

저는 정서장애학교와 장애인 직업전문학교에 재직하면서 자폐 성향이 있는 학생들의 직업적 성공과 사회통합에 많은 관심을 갖게 되었습니다. 어떻게 하면 학생들이 학교 현장에서 좀더 효과적인 직업교육을 받을 수 있을 것인가? 어떤 서비스를 제공해야 좀더 성공적으로 직업생활을 유지할 수 있을까? 고민하던 끝에, 현재 직장생활을 잘하고 있는 자폐성 장애인들의 성공요인을 알아볼 필요가 있다고 판단하게 되었습니다. 또한, 이러한 연구 동기를 학위논문으로 발전시켜, 정서장애학교의 직업교육과 장애인 직업재활 분야에 조금이나마 기여하고자 합니다.

이 조사지는 무기명으로 작성되며, 모든 질문에 옳고 그른 답은 없습니다. 귀중한 시간을 잠시 허락하시어 꼼꼼하게 응답해 주신다면, 소중한 자료로써 그 가치를 발휘하게 될 것입니다. 응답에 필요한 시간은 10분~15분 정도입니다.

이 조사에 응답하신 내용은 철저하게 비밀을 보장할 것이며, 연구 목적 이외에는 어떠한 용도로도 사용하지 않을 것임을 약속드립니다.

소중한 응답을 해 주신 귀하께 진심으로 감사의 말씀을 올립니다.
늘 건강하시고 가정에 평화 가득하시길 기원합니다.

2005년 월
공주대학교 대학원 특수교육학과
연구자 임 경 원 올림

전　화: 019-9180-4191, 041-850-8942
이메일: deobullife@hanmail.net

「고용주 및 동료의 지지」

<table>
<tr><td>　다음은 귀하께서 사후지도를 담당하고 있는 자폐성 장애인의 직업환경에 관한 질문 목록입니다. 자폐성 장애인에 대한 고용주 및 동료들의 태도에 대해서, 평소에 지켜보신 대로 평가해 주십시오. 적절한 항목에 체크(√)하여 주시면 감사하겠습니다.
　'○○○'은 자폐성 장애인의 이름에 해당하는 기호입니다.</td></tr>
</table>

항　목	전혀 그렇지 않다	거의 그렇지 않다	그저 그렇다	거의 그렇다	매우 그렇다
1. 고용주·직장동료들은 ○○○이 그들과 함께 있을 때 친밀감을 느끼게 해 준다.					
2. 고용주·직장동료들은 ○○○이 기분이 좋지 않을 때 기분을 이해해 주고, 기분을 전환시켜 주려 노력한다.					
3. 고용주·직장동료들은 ○○○이 어려운 상황에 처했을 때, 그 상황을 잘 극복할 수 있도록 도움을 준다.					
4. 고용주·직장동료들은 ○○○이 현실을 이해하고 사회생활에 잘 적응할 수 있도록 적절한 충고를 해 준다.					
5. 고용주·직장동료들은 ○○○에게 문제가 생겼을 때, 그를 위해 시간을 내주고 함께 상의해 준다.					
6. 고용주·직장동료들은 무슨 일이든지 항상 최선을 다해 ○○○을 도와준다.					
7. 고용주·직장동료들은 ○○○이 하고 있는 일에 자부심을 가질 수 있도록 그의 일을 인정해 준다.					
8. 고용주·직장동료들은 ○○○이 그들에게 필요하고 가치 있는 존재라고 느끼게 해 준다.					

〈부록 Ⅴ〉 대상자의 일반적 특성 조사지

번	이름	성별	연령	취업 업체의 직종	대상자의 직무	평균 임금	종업원 수 (전체/ 장애인)	근로 시간	근무기간 (년/ 개월)	주거형태 (가정, 그룹홈, 기숙사, 시설 등)	기타 특이 사항
1											
2											
3											
4											
5											
6											
7											
8											
9											
10											

〈부록 Ⅵ〉 심층면담 질문 목록

〈질문 목록 1: 일반 사항〉

1. 선생님의 성별은 어떻게 되십니까?
2. 선생님의 연세는 어떻게 되십니까?
3. 선생님의 최종학력은 어떻게 되십니까?
4. 선생님의 학부 전공은 무엇입니까?
5. 선생님의 석사학위가 있으시다면 논문 주제(제목)는 무엇입니까?
6. 선생님의 특수교육 교직경력은 몇 년 몇 개월이십니까?
7. 정서장애학교에 재직하신 경력은 몇 년 몇 개월이십니까?
8. 직업관련 교과를 담당하신 특수교육 경력은 몇 년 몇 개월이십니까?
9. 그중 정서장애학교에서 직업관련 교과를 담당하신 경력은 몇 년 몇 개월이십니까?
10. 취업지도를 담당하신 특수교육 경력은 몇 년 몇 개월이십니까?
11. 그중 정서장애학교에서 취업지도를 담당하신 경력은 몇 년 몇 개월이십니까?
12. 현재 선생님의 담당 업무분장은 무엇입니까?

〈질문 목록 2: 연구관련 사항〉

첫 번째 연구 결과에 대한 질문입니다.

1. 직업유지에 영향을 미치는 요인의 상대적 중요도는 ① 일반적 기능수준 ② 가족기능 ③ 작업기능 수준 ④ 부모의 일에 대한 가치 ⑤ 고용주 및 동료의 지지 ⑥ 일에 대한 가치의 순서로 나타났습니다.
   이와 같은 순서로 나타난 이유는 무엇이라고 생각하십니까?

2. 선생님께서 상대적 중요도를 평가하신다면 어떤 순서로 순위를 매기시겠습니까?
   선생님의 순위에 대한 이유를 함께 설명해 주십시오.

3. 혹시 이 여섯 가지 요인 이외에 자폐성 장애인이 직업유지를 하는 데 아주 중요하다고 생각되는 요인이 있으시면 말씀해 주십시오.

<u>두 번째 연구 결과에 대한 질문입니다.</u>

4. 고용주 만족도에 영향을 미치는 요인으로, 일반적 기능수준만이 유의하게 나타난 이유는 무엇이라고 생각하십니까?

5. 나머지 요인(일에 대한 가치, 작업기능 수준, 가족기능, 부모의 일에 대한 가치, 고용주 및 동료의 지지)들이 크게 영향을 미치지 못하는 것으로 나타난 이유는 무엇이라고 생각하십니까?

6. 이 여섯 가지 요인이 자폐성 장애인의 직업유지, 혹은 고용주 만족도에 어떠한 현실적인 영향력을 지닌다고 생각하시는지, 어떻게 작용하고 있는지 현장에서 겪으신 바를 중심으로 설명해 주십시오.

<u>세 번째 연구 결과에 대한 질문입니다.</u>

7. 일반적 기능수준의 하위 요인 중 주변정리가 고용주 만족도에 유의한 영향을 미치는 것으로 나타난 이유는 무엇이라고 생각하십니까?

8. 주변정리와 건강관리를 잘하는 자폐성 장애인이 고용주 만족도도 높을 확률이 62.8%와 60.7%였습니다. 그 이유는 무엇이라고 생각하십니까?

9. 일반적 기능수준의 하위 요인의 고용주 만족도에 대한 상대적 중요도는 ① 주변정리 ② 건강관리 ③ 개인위생 ④ 용모 ⑤ 일상생활 ⑥ 금전관리 ⑦ 식습관의 순으로 나타났습니다. 그 이유는 무엇이라고 생각하십니까?

10. 선생님께서 상대적 중요도를 평가하신다면 어떤 순서로 순위를 매기시겠습니까?
    선생님의 순위에 대한 이유를 함께 설명해 주십시오.

자유질문

11. 선생님께서 취업지도를 하시면서 자폐학생들이 직업을 유지하는 데 가장 필요한 것은 무엇이라고 생각하시는지, 혹은 가장 중요하다고 생각하시는 것은 무엇인지 자유롭게 말씀해 주십시오.

〈부록 Ⅶ〉 일상용어로 표현된 효과성 지수 값(CLR)

일상용어로 표현된 효과성 지수 값(CL_R)									
r	.00	.01	.02	.03	.04	.05	.06	.07	.08	.09
.00	.500	.503	.506	.510	.513	.516	.519	.522	.525	.529
.10	.532	.535	.538	.541	.545	.548	.551	.554	.558	.561
.20	.564	.567	.571	.574	.577	.580	.584	.587	.590	.594
.30	.597	.600	.604	.607	.610	.614	.617	.621	.624	.628
.40	.631	.634	.638	.641	.645	.649	.652	.656	.659	.663
.50	.667	.670	.674	.678	.682	.685	.689	.693	.697	.701
.60	.705	.709	.713	.717	.721	.725	.729	.734	.738	.742
.70	.747	.751	.756	.760	.765	.770	.775	.780	.785	.790
.80	.795	.801	.806	.812	.817	.823	.830	.836	.842	.849
.90	.856	.864	.872	.880	.889	.899	.910	.922	.936	.955

〈부록 Ⅷ〉 직업유지 요인에 관한 심층면담 결과

〈부록 Ⅷ-1〉 일반적 기능수준 요인에 관한 교사들의 견해

1. 직업유지의 핵심적 기초요인

A교사: 일반적인 기능 수준이 갖추어져 있지 않으면 다른 기능이 아무리 탁월해도 고용을 유지하기가 힘이 듭니다. 그래서 가장 우선시되는 것이 일반적인 기능 수준이라고 생각합니다. 그리고 다른 요인들이 별도로 구성되는 것이 아니라 유기적 관계 속에 있다고 생각됩니다. 즉, 일반적인 기능 수준이 기초이면서 핵심적인 역할이기 때문이라고 생각됩니다. 일반기능수준이 높으면 다른 게 다 흡수될 수 있습니다. 일반적 기능을 베이스에 깔고……일반적 기능수준이 높으면 다른 기능도 높다는 생각이 듭니다. 자폐성 장애의 경우 작업기능이 높다고 하여도 일반적 기능수준이 떨어지면 취업을 하지 못하는 경우가 많습니다. 작업기능은 시간이 지나면 해결이 되요.

D교사: 아주 기본적이라고 할 수 있죠. 제가 직업 지도하고 사후지도를 한 결과 자폐 학생들은 한 분야에서 뛰어나기 때문에, 고기능 자폐라서……직장 속에서 직장 적응을 통하여 적응시켜 훈련하면 할 수 있는 일이고 계속적인 훈련을 통해 일반인 수준까지 숙련할 수 있죠. 그래서 작업기능은 큰 문제가 되지 않죠. 문제되는 것은 개인적인 위생이나 용모 식습관, 일상생활, 주변정리 때문에 퇴사를 할 적이 많죠. 예를 들면 작업을 하다가 괴성과 남을 공격, 자리이탈(가출)을 하는 경우, 몸에 지독한 냄새가 나서 남에게 혐오감을 주게 되고, 기숙사 생활에서 양말, 옷 같은 걸 세탁하지 않아 기숙실이 악취가 나고, 작업을 마치면 기계. 전기 같은 거 주변정리가 안 되는 경우가 많거든요. 한번은, 기

숙사가 있는 회사에 갔어요. 그런데 양말을 빨질 않아요, 러닝이나 팬티를 갈아입지를 못해요. 그러다 보니까 냄새가 나고 짜증스럽잖아요. 이를 닦는다든지 머리를 꾸민다든지 이런 기본적인 게 안 될 수 있다는 것이죠. 만약에 기숙사 같은 경우는 그런 문제가 커요. 퇴사로 이어지는 거죠.

2. 자폐 근로자에 대한 고용주와 동료의 인식과 태도

B교사: 고용주의 인식이 아직도 장애인 고용에 적극적이지 못하고 또한 고용을 했어도 기대치가 낮다 보니……생산성에 대한 기대에서 회사 이윤 추구의 한 몫을 담당할 직원이라는 생각보다는……어떠한 이유로 채용을 했는지는 잘 몰라도 우리 회사에 와서 부디 몸 건강하게 주변 사람들과 잘 어울리고 안전하게 문제없이 지내길 바라는 것이 크다고 생각합니다. 그리고 회사에 대한 이미지 차원에서도 보이는 행동과 모습에 많은 비중을 두는 것 같아요. 일을 잘하고 못하고가 중요한 게 아니고 동료직원들과 문제없이 지내고 안전사고 없이 지내고 장애인 티 안 내고 깨끗하게 몸 관리 잘하고 등등을 요구하는 것 같아요. 장애인이 일단 우리 회사에 입사하면 선입견과 편견을 접어두고서라도 우선 외모에 대한 반응과 행동에 대한 반응을 우선적으로 나타내죠. 장애인에 대한 인식과 이해가 없다 보니 당연하겠죠.

A교사: 고용주 입장에서 보면 고용주는 고용하려고 마음먹고 했는데, 장애인이 어떤 태도를 보이느냐에 따라, 인사도 안 하고 머리도 안 감고, 주변정리도 안 하고 그러면 정나미가 떨어지게 되지. 기능은 높아도 지저분하고 자기관리가 안 되면 계속 고용유지가 안 돼요. 고용주는 일단 보이는 부분을 중요시한다고……작업환경이 깨끗하고, 식습관도 그렇고 개인위생이나 그런 부분들, 가장 중요한 것은 직업기능이 아니라 태도였다 이거지……기능은 어차피 단순한 영역으로 가기 때문에 많은 부분들을 요구하는 것은 아니란 이야기지……

A교사: 고용주는 일단 고용할 마음이 있었기 때문에 고용을 한다. 동료는 그러나 자신의 의견이 없이 받아들여야 하는 입장이다.

C교사: 동료관계에서도 식사를 지저분하게 한다거나 위생 부분이 해결 안 되면, 받아들이기 어려워한다. 아줌마들과 분리되는 원인이 되기도 한다.

3. 독립기능 및 직업소양교육의 중요성

A교사: 고용주는 자폐성 장애인을 채용하는 업체의 대부분은 특별한 기능을 요구하는 것보다는 단순한 기능을 꾸준히 성실하게 하기를 원합니다. 그리고 일반인의 도움 없이 직장생활이 가능할 수 있도록 일반적인 기능이 높은 장애인을 선호합니다.
　개인 생활의 독립성, 대중교통의 이용이라든가, 이동문제 오리엔티어링 문제가 해결 안 되면 독립적 취업이 어려운 문제다. 장애인 취업의 가장 중요한 부분은 직업기능이 아니라 태도 부분이다.

B교사: 그리고 보이는 것 다음으로 경험이겠죠. 서로의 관계말입니다. 상사로서 동료로서 유대관계를 맺는 데 필요한 의사소통, 사회성, 정서적인 반응 등등을 보겠죠. 그런 다음에 작업과 관련된 기능을 보고 그다음으로 나머지 요인을 보겠죠. 어떻게 보면 특수교사로서 보는 입장과 별 차이가 없다고 봐요.

A교사: 장기적 지원고용에서 보면, 선생님들은 전부 태도를 보죠. 꾸준히 하느냐 못 하느냐를 본다고……취업선발을 하잖아. 태도를 많이 봐. 그게 정말 중요하다고……일반적 기능수준에 문제가 없어야 다른 문제가 없거든. 태도, 성실함이 중요해……성실함 없이 기능만 높아봐야 직업 유지 못 하는 경우가 많거든……
　저도 일상생활 기술의 중요성을 먼저 가르칩니다. 그중에서도 사람 관계의 예절, 개인위생을 중요시 여기구요 작업에서는 기능보다는 태도를 우선시합니다. 왜냐하면 태도가 좋으면 기능은 시간이 지나면 습

득되는데. 성인기에 태도를 수정하기에는 너무나도 어렵기 때문입니다. 실습 가면 허리를 숙여서 정숙하게 인사하는 방법, 사장님의 호칭을 가르치는 것, 손톱과 같은 개인위생을 가르치는 것. 이런 게 고용주에게 부담을 주지 않고 자연스럽게 접근할 수 있도록 해 주는 방법입니다.

B교사: 자폐학생들의 취업의 가장 큰 걸림돌이 문제행동과 사회성 부족이다. 아무리 작업기술과 생산성이 높다 하여도 가끔씩 나타나는 부적절한 행동, 남이 이해하지 못할 행동들 그리고 회사생활에 중요한 동료관계에서 나타나는 언어표현력과 사회성 부족이 취업에 가장 큰 걸림돌이다. 자폐성 장애인들이 취업(국내)할 수 있는 직종이 단순조립과정에 집중되다 보니 직업기술보다는 직업인으로서 갖추어야 할 기본 소양들이 더욱더 중요하다고 생각한다.

4. 일반적 기능수준이 상대적 중요도에서 높게 나타난 결과에 대한 교사들의 견해

C교사: 자폐 성향을 가진 장애인에 대한 상대적인 기대심리의 축소적인 요인과, 현재 고용하고 있는 업체의 특성상, 장애인 관련 업체(00, 00의 0) 및 장애인을 가족으로 둔 업체(00)여서, 장애인의 사회·기능적인 능력을 일차적으로 접고 생각함이 주요인이 아닌가 생각합니다.

D교사: 일상생활, 출퇴근이 안 된다, 기본처리가 안 된다, 그렇다면 감독을 붙여야 되는데……장애인 취업하게 되면 고용 장려금을 받게 되기 때문에, 작업기능 자체가 크게 문제되지는 않아요. 고기능 자폐기 때문에, 그리고, 직업평가를 통해서 미리 선발한 아이들이기 때문에, 일반인의 60-70%까지는 도달되고……고용 장려금 있고, 그래서 회사에서 마이너스 될 일은 없다는 거죠.

C교사: 발달장애인이 직장생활을 유지하는 데 필요한 현장 상황에서, 항상 표현이 되는 개인적인 소양과 구체적인 요인들이 우선되었다고 생각하

며, 삼자적인 측면과 눈으로 드러나지 않는 추상적인 면이 배제되어
있는 결과라 생각됩니다.

D교사: 취업되는 아이들은 기본적으로 고기능 자폐 아이들이기 때문에 특정
부분에서 작업기능이 높고, 조립이든 서비스이든 작업기능은 떨어지지
않다고 생각합니다.

C교사: 우리학교는 조사된 졸업생의 취업형태가 1명(전자부품조립)을 제외하
고는 제조부분 그중에서도 제과·제빵 분야입니다. 여기에서는 개인들
의 위생관념이 중요시되고 개인적인 관리 및 일상적인 생활 습관으로
형성된 일반적 기능수준이, 장애를 인정하고 받아들이는 관점에서 기
인된 다른 요인들보다 많은 영향을 미치지 않았나 생각합니다.

5. 일반적 기능수준의 하위 요인에 대한 교사들의 견해

A교사: 고용주 측면에서 보면 이런 순서가 대략 맞다고 생각합니다.

B교사: 취업대상 자폐성 장애인이라면 기본적인 개인위생과 식습관 정도는 갖
추어져 있을 것이라 생각이 되고, 또한 당연하게 그럴 겁니다.

C교사: 주변정리와 같은 회사에서 꼭 필요한 기능을 수행하는 기본 능력을 갖
춘 경우와 대인관계 및 의사소통이 원활하지 않아 간과하기 쉬운 건강
관리적인 측면에서 고용주가 갖는 관심은 당연할 것이며, 이를 갖춘
사람과 갖추지 못한 사람을 차별하는 것은 당연한 일이라 생각합니다.

D교사: 식습관에 크게 문제가 없고, 금전관리도 통장으로 들어가고 부모들이
관리할 수 있기 때문에……학교에서 통장 관리하는 방법, 입출금 카드
이용하기, 필요시 인출하기……가르치는데, 실제적으로 많이 경험을
안 해 봤기 때문에 돈을 함부로 쓴다든지 그렇지는 않아요.

A교사: 주변정리는 작업의 환경과 밀접한 관계가 있습니다. 또한 고용주가 보기에도 자신의 주변이 깨끗함으로 인하여 높은 점수를 받을 수 있습니다.

B교사: 스스로 자기일은 자기가……장애인 때문에 일반 직원들이 자기 일을 못 하고 아니면 자기 시간을 할애해서 뒤처리 등등을 도와주는 것이 회사의 입장에서 이윤추구에 반하는 행동이라는 고용주적 사고방식에서 나온 답이라고 생각이 드네요.

C교사: 일반적으로 제과 공장 내부에서는 다양한 직무를 수행하게 되는데, 직원들은 상호 간섭 없이 자기에게 주어진 일에만 전념하게 된다. 발달장애인도 작업 지시에 의해 주어진 직무를 수행하지만 지시되고, 주어진 일만 처리하는 것이 대부분의 현장 상황이다. 작업이 끝난 용기나 주변에 떨어진 이물질을 제거하여 청결을 유지하는 것이 이러한 업무를 수행하는 회사의 기본 직무라고 생각할 때(한마디로 비숙련된 경우와 마찬가지의 경우라고 생각한다), 정리정돈의 관점에서 볼 때 이 기능은 매우 중요하고도 필요한 기능이라고 생각한다.

D교사: 장애인의 직종이 대체적으로 부품조립이기 때문이라 생각된다. 어떤 직종에서 작업 활동을 하느냐 문제다. 장애인의 직종이 대체적으로 음식점, 서비스 직종이라 주변정리 및 청소라……

A교사: 건강관리는 노동 시간의 지속성과 관계가 깊습니다. 또한 자폐성 장애인의 작업기능이 단순하므로 체력을 요구하는 기능이 많아요. 학교 수업에서 다음 세대로 넘어갈 때, 8시간 노동으로 가는데……그래서 엄마들에게도 퇴근 후에 수영장을 간다거나 하는 식으로 프로그램을 짜라고 이야기를 합니다. 몸이 약해 버리면 스트레스로 연결되고, 8시간 노동을 1년 사철 버텨야 하기 때문에……

B교사: 건강관리는 일단 결근에 대한 우려와 회사 근무시간에 발생할지 모르는 건강상의 문제가 크겠죠. 산업재해의 범위가 크다 보니 장애인 건강에 대한 염려보다는 회사 근무시간에 일어날지 모르는 건강약화나

발병 때문에 나타나는 골칫거리를 근본적으로 예방한다는 차원에서 그 요인이 만족도에 영향을 미친다고 봅니다.

D교사: 건강관리의 경우, 의외로 자폐 아이들이 대부분 건강한 아이들이 많아요. 수영, 마라톤, 인라인, 등산 등 아주 튼튼하고 건강한 편이죠. 오히려 에너지 발산할 경우가 부족한 편입니다. 그리고 고용주가 염려하는 건강문제 중 하나는 특히 간질입니다. 자폐든 정신지체든지 간질을 지니고 있기 때문에, 간질문제를 가장 염려하죠. 또 하나는 성질이 급하다 보니 돌발적인 행동이 있을 수 있거나, 소변을 자주 보러 다닌다는 거예요. 에너지 발산이 안 되다 보니깐, 화장실 다니기……심리적으로 불안했을 때는 소변을 자주 보고, 더위를 참지 못하는 경우가 많아요. 그런 측면이 있을 수 있죠. 건강관리 부분에서는 아마 그런 부분이 큰 문제가 되지 않을까 싶어요.

C교사: 이 순서에 동의를 하는데, 다만 식습관의 경우에는 상황에 따라 다를 수도 있다고 생각합니다. 식판사용이 습관화되어 있는 학교 교육만을 받은 학생들이, 대부분 제조업체들은 회사 내부에서 점심을 해서 먹는데, 가정에서와 달리 아이들의 상황을 인정해 주지 않은 상황에서, 각자의 그릇으로 뷔페식 식사 또는 공동으로 반찬을 먹는 식사는 자칫 직원 간의 불화의 요인으로 작용할 수 있습니다(수저에 붙은 밥알을 제거하지 않고 찌개를 먹는 해위와 같은 청결문제, 지나친 편식, 식탐-맛있는 것은 혼자서 다 먹어 치움, 서툰 수저사용 등).

〈부록 Ⅷ-2〉 작업기능 수준 요인에 관한 교사들의 견해

A교사: 자폐성 장애의 경우 작업기능이 높다고 하여도 일반적 기능수준이 떨어지면 취업을 하지 못하는 경우가 많습니다. 작업기능은 시간이 지나면 해결이 되요……기능은 어차피 단순한 영역으로 가기 때문에 많은 부분들을 요구하는 것은 아니란 이야기지……작업기능 수준이 셋째인 이유는 작업기능이 자폐성 장애인에게는 특별한 기능보다는 성실함을

우선적으로 고용주는 보고 있습니다.

B교사: 생산성에 대한 기대에서 회사 이윤추구의 한 몫을 담당할 직원이라는 생각보다는……자폐성 장애인들이 취업(국내)할 수 있는 직종이 단순 조립과정에 집중되다 보니 직업기술보다는 직업인으로서 갖추어야 할 기본 소양들이 더욱더 중요하다고 생각합니다.

C교사: 작업기능적인 측면은 직무 수행상 매우 중요한 부분이라고 일반적으로 생각하나, 현장에서는 장애인이라는 인식 때문에 이 부분에 대해서는 대체적으로 우호적인 부분이 많은 것 또한 사실이다. 그러기에 작업기능적인 측면은 실습생들의 일반적인 생활기능이 양호하다면 장기적인 발전적인 상황으로 고려되어 묻혀서 넘어가는 것이 지도교사가 경험한 대부분의 현장 상황이다

D교사: 고기능 자폐라서……직장 속에서 직장 적응을 통하여 적응시켜 훈련하면 할 수 있는 일이고 계속적인 훈련을 통해 일반인 수준까지 숙련할 수 있죠. 그래서 작업기능은 큰 문제가 되지 않죠……장애인 취업하게 되면 고용 장려금을 받게 되기 때문에, 작업기능 자체가 크게 문제되지는 않아요. 고기능 자폐기 때문에, 그리고, 직업평가를 통해서 미리 선발한 아이들이기 때문에, 일반인의 60-70%까지는 도달되고……고용 장려금 있고, 그래서 회사에서 마이너스 될 일은 없다는 거죠……취업되는 아이들은 기본적으로 고기능 자폐 아이들이기 때문에 특정 부분에서 작업기능이 높고, 조립이든 서비스이든 작업기능은 떨어지지 않다고 생각합니다……고기능 자폐는 직업평가를 통해서, 직업적응을 통해서, 예를 들어서, 서비스면 딱 맞는구나. 조립이면 참 뛰어나구나 라고 판단합니다. 결국은 보상과 지지를 얼마나 잘해 주느냐에 따라서 직업유지가 결정되요……지원고용 때는 20일 정도 매일같이 작업해 주고, 현장 여건상 일주일에 한 번 정도 현장 나가서 4시간이나 6시간, 8시간까지 점차 연장시켜 가면서 훈련시켜요. 선생님이 이렇게 하고 있구나. 모델링을 통해서 아이들이 작업하는 것도 배우고, 직장 적응하는 것도 배우고……

〈부록 Ⅷ-3〉 자폐성 장애인의 일에 대한 가치 요인에 관한 교사들의 견해

A교사: 본인의 일에 대한 가치가 낮게 나오는 거는, 자폐성 장애 아이들이 언어적 표현이나 세심한 감정표현을 못 하니깐 그렇게 나올 수 있습니다……자폐성 장애아의 특징은, 어떤 한 체제를 받아들이는 순간 행복해집니다. 일단 받아들이기가 어렵지 받아들이면 쉬워져요……아이들한테 맞는 직업의 틀을 만들어 주느냐 아니냐에 성패가 달려 있다고 할 수 있어요. 그것이 자기 가치기준에 맞으면 받아들이게 되는 것이고, 아니면 그만두는 겁니다……자폐 아이들은 틀을 만들어 주는 과정이 굉장히 오래 걸립니다.

D교사: 일에 대한 가치의 인식이나 필요성이 부족합니다. 조사하고 실습시켜 봤지만, 일에 대한 가치를 잘 못 느끼는 편이에요. 단순해서……돈도 가지고 싶지만……실제적으로 돈에 대한 개념이 뛰어나지는 않거든……다분히 수동적이고……부모나 교사나 고용주가 일에 대한 개념을 심어 줘야, 돈을 벌고, 뭔가를 살 수 있구나 라고 생각……핸드폰을 살 수 있구나 라든가, 엠피쓰리를 산다든가……

C교사: 일의 가치적인 부분은 실습 단계에서 실습생들에게 강화적인 조건으로 활용할 수 있고, 일에 대한 중요성과 직업유지에 매우 중요한 요소라고 생각합니다. 예를 들어, 일에 대한 가치가 형성되어 있는 학생에게는 실습 도중 부적응행동에 대해서 '안 되겠다. 내일부터 회사에 오지 말자'라는 한마디의 말이, 학생의 행동에 큰 자극을 주어 바람직한 행동으로 유인하는 데 영향을 미칩니다……지도교사의 임장 지도 아래 이루어지는 실습 시에는, 학생의 동기 유발이 이루어지기 위해서는, 일에 대한 가치 인식이 필요하고……여기에서 고용유지에 매우 중요한 5번 항목이 가장 뒤로 가있는 상황은 실습 시에는 지도교사가 역할을 대신하기 때문입니다.

〈부록 Ⅷ-4〉 가족기능 요인에 관한 교사들의 견해

1. 가족 지원의 중요성

A교사: 가족이 적절하게, 상황변화에 맞게 지원을 해 주어야 합니다. 가족의
마인드가 취업상황을 인정하고 지원해 줘야지 학교만으로는 안 됩니
다. 가족기능이 중요한 이유는, 고용을 유지하기 위해서는 자폐성 장
애인이 스스로 의사 표현을 제대로 정확하게 못 하기 때문에, 고용주
와 부모관계 속에서 풀어야 한다는 겁니다. 그리고 가족이 고용을 유
지하기 위한 적극적인 지원을 해 줘야 장기고용으로 갈수 있다고 생각
합니다. 역으로 부모의 무관심이……환경 변화에 대한 가족 지원의 부
족해서 해고를 당하는 경우도 많이 있습니다. 실제로 업주와의 관계에
서도 부모의 관심 여부가 고용유지를 결정짓는다. 00의 경우를 봐도
부모의 관심이 어느 정도냐 지원을 어느 정도 해 주느냐에 따라 고용
주의 인식 자체가 달라집니다.

　　동료관계도 절대적인데, 지원고용담당자나 가족이 나서서 풀어야 할
문제예요. 부모가 가서 밥을 한 번씩 산다든가, 경조사를 챙긴다거나
껌을 돌린다든가 하는 방식으로 대인관계 조정을 해 주어야 합니다.

2. 가족기능의 영향

A교사: 가족부분이 50-60%를 차지한다고 본다. 부모의 지원이 절대적이라고
생각한다. 아이가 환경이 바뀌다 보면 적응하기가 오래 걸린다. 그런
데 작업장에서는 문제가 발생하지 않는다. 공식적인 기관이고, 눈치를
어느 정도 보기 때문에 집에서 문제가 일어난다. 가정에서 문제가 발
생했을 때, 부모가 일에 대한 가치를 말해 주고 지원해 주고 응원해
주고 해야 하는데……일을 해야 할 중요성이나 돈에 대한 가치를 설명
해 준다든가……함께 해 주어야 지원고용이 성공한다.

D교사: 아동들은 기본적으로 가족의 사랑을 많이 받는다. 주로 해달라는 대로 받기만 한다. 주로 줄 줄은 모르고 받을 줄만 안다. 맘에 안 들면 엄마를 때리거나 괴팍스러운 행동들을 하게 된다. 가족의 협력이나 도움에 따라 직업유지에 영향을 미친다. 작업을 지속시키거나 자해행동이나 주의 산만함을 줄이는 방법이……

제가 마음의 온유함을 찾는 방법을 연구해 본 결과, 짜증내지 않고 성내지 않고 자해행동을 하지 않는 방법을 연구해 봤는데……일단은 가정이 편안해야 한다. 오늘 짜증스러운 일이 있다든지 욕을 먹었다든지, 안 좋은 일이 있었다면, 직장에서 하루 종일 안 좋은 행동을 하게 된다. 사례관리라고 할 수 있는데, 그 아이의 상태에서 마냥 제재하지 말고 다른 방향으로 전환시키라는 말이 있다. 그럴 경우에는……그 애를 그날의 좋은 컨디션을 유지하도록 조치를 하려면, 어제 있었던 일 등을 부모가 상세하게 알려 줘야 한다. 그래야 작업량도 줄여 주고, 컨디션도 조절해 주고, 좋아하는 일을 투입시켜서 작업량을 확대시킬 수 있고……그래야 고용주도 조그만 일에도 칭찬을 해 준다거나……고용주의 이해에 도움이 된다. 이럴 땐 고용주나 동료가 승리! 따봉! 잘한다! 이런 격려를 해 주게 된다. 그런 방법이 적용되려면 가정의 화목과 연결되어야……부모가 ‘오늘 잘했잖아’, ‘직장 가야지’ 하면 직업을 유지하기 쉽다.

C교사: 기타 가족기능은 장애인에게 정신적 신체적 발달의 중심이 가정이고, 가족적인 상황에서 많이 이루어진다고 보면, 정서적인 요인이 많이 작용하는 자폐성 장애인에게 가족적인 요인은 매우 중요하고, 이게 회사생활에도 직·간접적인 요인으로 많이 작용하리라 생각합니다. 가정에서 문제가 있었던 다음날, 학생 상황은 상당히 신경질적이고 직무도 태만해집니다. 그리고 대인관계에도 많은 영향을 끼치게 됩니다.

부모의 학생에 대한 가치 변화를 유도할 수 있는 면, 학생들이 안정적으로 실습환경이나 직장환경에 적응할 수 있도록 협조적인 가족기능이 필요합니다.

D교사: 가족기능이 영향을 미치지 않는 것으로 나타난다는 것은 가정의 화목도나 불편함을 못 느낀다는 거지, 기분이 좋은 상태니깐, 직장에서 동료들이랑 함께 자기를 인정해 주고 칭찬받으니깐, 목표랑……이미 이 집단자체가 가족기능이 좋은 집단일 것이기 때문이지요.

〈부록 Ⅷ-5〉 부모의 일에 대한 가치 요인에 관한 교사들의 견해

D교사: 우리 아이들이 할 수 있을까? 8시간 주당 40시간씩 일을 할 수 있을까에 대해서 고심하게 된다. 우리 아이들이 저렇게 고생을 해가면서 일을 해야 되나 하는 인식을 가진 부모들이 참 많았다. 아이들의 삶의 질을 높여 줘야 한다.

A교사: 부모가 지원고용 여부를 결정하지 않는 경우는 대부분 취직을 시키지도 않는다. 교사입장에서는 부모의 가치나 태도를 중요하게 여기지……업체랑 계약하는 것은 부모이기 때문에, 지나치게 아이 위주의 이기적인 태도를 보인다거나……노동의 현실을 인정하고 올바로 결정할 수 있어 주기를 바라는 거지……가정형편이 괜찮은 아이들의 경우는 부모들이 돈보다는 삶의 질의 문제로 보기 때문에, 아이들의 태도가 좋아지길 바라는 것이지 돈을 중요하게 생각하지는 않아요.

C교사: 부모의 일에 대한 가치측면에서는 지도교사의 측면에서는 매우 중요하게 생각하는데, 취업지도를 하다 보면, 부모가 아이에 대한 기대를 매우 낮게 형성하고 있는 경우가 대부분이고, 몇몇의 경우는 이와 반대로 너무 높이 인정하고 있는 경우도 있지만……자녀가 여자 아이인 경우에는 성폭행이라든가, 사회생활에 불안 요소들이 산재해 있으니까, 일반 직장에는, 거의 꺼려하는 것이 대부분의 발달장애학부모의 생각이에요. 이렇게 보면, 부모들의 일에 대한 가치적인 측면은 장애인의 취업에 많은 영향을 끼친다고 생각합니다. 직장에 잘 적응을 하고 실습을 훌륭하게 마쳐, 고용주가 고용계약을 맺자고 하는데, 부모는 시설 입소를 이유로 고용을 거부하는 상황도 있었어요.

〈부록 Ⅷ-6〉 고용주 및 동료의 지지 요인에 관한 교사들의 견해

B교사: 고용주가 장애인의 취업에 관한 인식의 문제가 크다고 봅니다. 장애인이 일을 하면서 지역사회 한 구성원으로서 당당하게 살아갈 수 있도록 배려 내지, 그 역할을 할 수 있도록 도와주고, 함께 사는 세상을 만들자 라는 거창한 생각까지는 아니어도, 그 정도의 인식에서 장애인의 취업이 이루어져야 하는데, 특히 우리 아이들의 경우는 더더욱 그렇지 않다고 생각합니다. 결국 우리 회사에서 문제없이 안전하게 잘 다니는 게 최우선 것 같고 기타 나머지 장애인에게 관련된 어떠한 일도 무관심하다고 봅니다.

D교사: 고용주 및 동료의 지지가 장애인에 대한 이해와 관심이 없다면 심각한 문제 즉 직업유지가 현실적으로 어려운 실정입니다. 가정과 사회가 함께 관심을 가지고 직업을 유지할 수 있도록 고용주와 협력해서 사후지도가 철저하게 이루어져야 한다고 생각합니다. 어찌 보면, 고용주는 단순하게 맡겨 버리는 경향도 있어서……똑똑한 아이들만 뽑아서 쓰기도 하지만……그 아이들에게 목표를 설정해 주고 칭찬해 주고 보상을 해 준다면 목표를 달성할 수 있습니다. 아이스크림을 사 준다든지, 뭔가 원하는 활동을 해 준다든지 해 주면……목표 달성률이 높아집니다. 신체적 사인을 보낸다든지 브이자, 승리의 싸인, 하이파이브, 보상, 간식을 준다든지, 아이들은 보상에 민감해요……어떻게 보면, 부모의 지지 요인이라는 것은 실제로 출근시키는 것에 그치거든요. 그러나 직장에서 지루하지 않고 직업을 유지할 수 있는 핵심적인 요체는 고용주의 지지예요.

C교사: 고용주 및 동료의 지지 또한 취업유지에 많은 영향을 준다고 생각하는데, 한 예로, 00의 0에 있는 000의 경우, 자리 이탈이 잦고, 우리가 일반적으로 얘기하는 뺀질이 스타일의 장애인이었는데, 주변 동료(사회복지사)들의 거침없는 격려와 관심이 이 아이에게 자신감을 주었고, 마음의 문을 여는 매개로 작용하여 직무충실성과 취업유지에 큰 요인

으로 발전하였어요. 현재 제과파트에서 오븐을 담당하고 있는데, 식사도 오븐 앞에서 할 정도로 철저하게 직무를 수행하고 있습니다.

발달장애인 고용유지에는 고용주와 동료들의 지지가 없이는 다른 일반적인 상황이 모두 양호해도, 대부분 고용유지에 실패하고 가정으로 복귀하는 것이 대부분이었고……특히 동료들의 인정 여부는 고용주가 장애인을 인정하는 단계에 접어들기까지 고용유지에 관건이라 해도 과언이 아닙니다. 대부분 중도에 포기하고 나와야 하는 장애인의 경우, 주변 동료가 이들을 인정하지 못하고, 성가시다, 작업에 방해가 된다, 등등, 말로써 고용주에게 건의해서……회사 내부의 구성원들의 인식적인 측면에서 더욱 많은 전환이 이루어져야 한다는 것이 지도교사의 생각입니다.

〈부록 Ⅷ-7〉 자폐성 장애인의 직업유지 요인에 관한 교사들의 기타 견해

A교사: 자폐성 장애인이 직업을 유지하기 위해서는 자폐성 장애인과 관련된 여러 요인들이 유기적 관계 속에서 지원이 이루어져야 합니다. 어느 하나도 부족하면 일반인과 달리 해고에 도달할 수도 있습니다. 고용주의 장애인 고용의지, 지원고용 교사의 완벽한 지원고용, 환경 변화에 따른 가족의 지원 등을 들 수 있습니다

자폐성 장애아의 특징은 어떤 한 체제에 받아들이는 순간 행복해집니다. 일단 받아들이기가 어렵지 받아들이면 쉬워집니다. 아이들한테 맞는 직업의 틀을 만들어 주느냐 아니냐에 성패가 달려 있습니다. 그것이 자기 가치기준에 맞으면 받아들이게 되는 것이고 아니면 그만두는 겁니다. 자폐 아이들은 틀을 만들어 주는 과정이 굉장히 오래 걸립니다. 4계절의 변화, 방학이라는 부분에서 아이들에게, 사이클에 맞추어 지원고용을, 부모가 해 주었을 때, 일정한 틀이 형성됩니다. 엄마의 지원이 절대적입니다.

자폐성 장애 같은 경우는 고용의 질을 높이기 위해서는 지원고용의 기간이 굉장히 중요합니다. 장애인 고용촉진 공단의 3주간의 지원고용

프로그램으로는 실패한 경우가 너무 많습니다. 아이가 적응할 수 있을 때까지 장기적인 지원고용이 필요하다고 생각합니다. 틀을 형성하는 기간이 길어서, 발달장애아동들이 반응을 나타내는 시간이 오래 걸리고, 잠재적인 문제가 발생하는 경우도 있고, 그런 문제들을 바로잡아 줄 수 있는 지원 고용 기간이 매우 중요하다고 생각합니다.

B교사: 자폐학생들의 취업의 가장 큰 걸림돌이 문제행동과 사회성 부족이다. 아무리 작업기술과 생산성이 높다 하여도 가끔씩 나타나는 부적절한 행동, 남이 이해하지 못할 행동들 그리고 회사생활에 중요한 동료관계에서 나타나는 언어표현력과 사회성 부족이 취업에 가장 큰 걸림돌이다. 자폐성 장애인들이 취업(국내)할 수 있는 직종이 단순조립과정에 집중되다 보니 직업기술보다는 직업인으로서 갖추어야 할 기본 소양들이 더욱더 중요하다고 생각한다.

C교사: 이 아이들의 삶의 질을 높여주고 싶다. 그러나 돈을 150만 원을 벌어도 삶의 질은 높아지지 않는다. 돈이 문제가 아니다. 어떻게 해야 만족할 것이냐? 주 20시간을 하자. 캘리포니아 법안에 주 20시간 안이 있다. 이 아이들 고용유지를 위해서 20시간만 하면 다른 사람도 두 배로 직장을 구할 수 있다. 그러고 나서 주 20시간 하고 오전이나 오후 파트타임으로 4시간씩만 하고 그 나머지 시간은 수영, 마라톤, 인라인 등 자기가 좋아하는 여가활동 시간을 늘려 주면 삶의 질이 높아지고 직업유지도 잘될 수 있을 것이다. 직업유지를 위해서는 컴퓨터라든가 오락이나 등에 대해서 기쁨을 느끼고……
어떤 직업을 계속적으로 유지할 수 있을까? 어떤 직종이 맞을까? 사전에 직장 적응 훈련을 통해서, 직업평가를 통해서, 현장에서 6개월 정도 해 보면서, 맞는지 안 맞는지, 피드백을 해 본다면 직장 유지는 크게 문제는 없을 것이라고 생각한다. 사후지도가 꼭 필요하다. 고용주와 사후지도 하는 선생님들, 부모님들과 같이 궁합이 잘 맞아 준다면 서로가 신뢰와 이해와 인간관계가 잘되어진다면 그렇게 큰 중간에 퇴사하고 그런 부분은 없다. 실제적인 경험이기 때문에. 부족한 부분들도 찾아가서 여러 가지 점을 의논하다 보니깐 잘 해결된다.

직무지도 방법은 직업평가를 통해서, 공인된 평가와 교내 직업평가, 관찰 평가, 사전 모의실습장 훈련이나 현장 훈련을 한다. 이게 적합하구나 싶으면 1년이든 2년이든 꾸준히 현장적응을 시킨다. 취업이 되었을 때, 자연스럽게 빠져들 수 있도록, 그리고 나서 적게는 일주일에 한 번씩 쪼금 걸린다면 한 달에 한 번 정도 수준에서 꾸준히 사후지도, 부모와 통화, 사업주와 통화를 통해서 지도해 주고 있다.

D교사: 그런데 굳이 얘기하라면 어느 것이 가장 중요한 것이냐의 문제가 아니라 이 내용들은 모두 중요하며……3년간의 기업체 현장 실습을 통한 취업지도에서 느낀 점은 우리 다수가 생각하고 있는 점과 현장에서 나타나는 점은 다르다는 것입니다. 우리가 일반적으로 생각하는 것은 생활기능이 양호하고 작업기능이 우수한 아이들로 알고 있으나, 현장에서는 직무의 성격에 따라 그 내용을 달리하는데, 제과업체의 경우에는 위생적인 면과 일상기능적인 면을 많이 생각합니다.

그리고 단체 생활인 만큼 상대에게 피해를 주지 않는 행동도 많이 요구하지요. 그리고 학생들의 입장에서는 작업 간 전환, 작업 유지 등에서 주변의 지시가 필요한데, 현장에서는 그렇지 못한 경우가 대부분입니다. 그런 때에는 부적응행동(상동행동, 소리 지르기, 불안한 행동, 등)이 발생할 빈도가 높습니다(이는 고용유지와도 관계가 됩니다). 요즈음은 작업 지도원 제도가 있다고 하지만 본교 학생들이 취업하고 있는 경우에는 장려금을 신청하지 않은 회사가 대부분입니다. 우리 아이들은 작업 지시를 받으면 작업량과 주어진 시간을 생각하지 않습니다. 무조건 열심히 작업량이 있을 때까지는 죽어라 일을 하지요. 식사시간이 끝나면 쉬지도 않고……그리고는 작업을 마칩니다. 그다음 작업이 없으면 불안해하지요. 이러한 점과 쉬는 시간, 점심시간 후에 시간활용방법의 부재, 남들을 의식하지 않은 행동, 화장실 등 공공장소 사용 후 청결유지 방법 미흡, 새로운 방법에 대한 거부 반응(행동의 고착화), 정형화된 행동 등……이에 대한 내용들이 학교 현장에서 전환교육을 중심으로 학습되어 보다 원활한 회사생활에 도움이 되었으면 합니다.

임 경 원

<학력사항>
공주대학교 사범대학 특수교육과 졸업
공주대학교 대학원 특수교육학과 졸업(교육학 석사, 교육학박사)

<경력사항>
대전시 서구보건소 장애아동재활지원센터 교사
부천혜림학교 교사
청주성신학교 교사
한국장애인고용촉진공단 대전직업전문학교 교사
현) 공주대학교 특수교육연구소 연구교수
현) 한국임상동작학회 상임이사
현) 한국특수교육학회 간사

<역서>
『자폐아동을 위한 행동중재전략』(2006). 곽승철 공역, 학지사.

<논문>
「고기능 자폐학생의 적성직업」
「자폐성 장애인의 직업재활관련연구 고찰」
「자폐성 장애인의 직업유지 요인」
「정신지체학교의 직업훈련직종과 취업직종간의 연관성」
「직무체험이 고등부 정신지체 학생의 직업흥미에 미치는 영향」
「[특수교육학연구] 게재 논문의 내용과 방법에 관한 고찰」
「특수학교 교사의 자아상 : 의미변별척도의 적용」
「국내외 직업적성검사의 전반적 동향분석: 정신지체인용 직업적성검사 개발을
위한 함의」

자폐성 장애인의 직업유지 요인

• 초판 인쇄	2006년 11월 30일
• 초판 발행	2006년 11월 30일
• 지 은 이	임경원
• 펴 낸 이	채종준
• 펴 낸 곳	한국학술정보㈜
	경기도 파주시 교하읍 문발리 526-2
	파주출판문화정보산업단지
	전화 031) 908-3181(대표) · 팩스 031) 908-3189
	홈페이지 http://www.kstudy.com
	e-mail(출판사업팀사업부) publish@kstudy.com
• 등 록	제일산-115호(2000. 6. 19)
• 가 격	22,000원

ISBN　89-534-6034-4 93330 (Paper Book)
　　　　89-534-6035-2 98330 (e-Book)